天下文化

BELIEVE IN READING

費爾普斯的經濟探索

實用總體經濟學的開拓者
對失業、通膨與自主創新的思考

★★★

My Journeys In Economic Theory

★★★

艾德蒙・費爾普斯 Edmund Phelps——著
廖月娟、李芳齡——譯

目錄

各界好評

在經濟學家中，艾德蒙・費爾普斯可說是文藝復興式的知識份子，六十年來，他一直產出新穎、優秀且基本的思想。他的一生非比尋常，而這本極為出色的書籍講述這些故事。

勞倫斯・薩默斯（Lawrence H. Summers）

美國前財政部長

費爾普斯是經濟學界的璀璨明珠。他是擁有非凡創造力的學者，同時也擁有堅韌的毅力與口才，傳達他提出的非正統思想。這本回憶錄生動的展現出他是如何做到這點。

艾瑞克・馬斯金（Eric Maskin）

諾貝爾經濟學獎得主

費爾普斯寫了一本典型清晰明瞭、充滿知識性的傳記，描述一個身為極度獨立與富有創造力的理論家，獨自且勇敢的在經濟學領域裡探索的旅程，他對現代經濟學產生深遠的影響。這本書為他的諸多貢獻提供詳細資料與背景，是由塑造現代經濟思想的學者所寫的一部寶貴歷史。

詹姆斯・海克曼（James Heckman）

諾貝爾經濟學獎得主

諾貝爾獎得主艾德蒙・費爾普斯寫了一本充滿知識的發現與創造力的故事，讀起來很愉悅，而且經常讓人振奮。這本經濟理論的遊記，把讀者帶進過去半個世紀重要的經濟辯論之中。費爾普斯展現出一位偉大經濟學家的聰明才智，以及他容易犯錯的地方，同時有說服力的闡明達成人類成就時必要且個人的本質。

菲利浦・霍華（Philip K. Howard）

《常識之死：法律如何扼殺美國》（*The Death of Common Sense: How Law Is Suffocating America*）作者

這本書是由當代研究最深入、最廣泛的經濟學家撰寫的一本感人而坦率的回憶錄。這本書也罕見的揭露創意過程中不可避免的時停時進。

帕薩・達斯古普塔（Partha Dasgupta）

《時間與世代：日益縮小的星球的人口倫理》（*Time and the Generations: Population Ethics for a Diminishing Planet*）作者

在費爾普斯的最新旅程中，他發現一種革命性的美好生活理論：除了提供空閒時間與物質享受之外，現代經濟還能讓參與者參與冒險和自我發現。這些深刻的想法與他在這裡出色且誠實講述的故事相得益彰。

理查・羅伯（Richard Robb）

《意志：我們如何選擇要做什麼事》（*Willful: How We Choose What We Do*）作者

在這本引人入勝的回憶錄中，費爾普斯帶領我們踏上他的旅程：從童年、終生對創造力的迷戀，到獲得諾貝爾獎及其他獎項，解釋為什麼要有活力、創新是什麼，以及如何讓工作獲得回報。這是任何經濟思想愛好者的必讀之作。

葛倫・哈伯德（Glenn Hubbard）

《高牆與橋樑：動盪之後恐懼與機會》（*The Wall and the Bridge: Fear and Opportunity in Disruption's Wake*）作者

費爾普斯一直是一九六〇年代成長的經濟學家中最傑出、思想最深刻的人之一。他在整個職業生涯中的思考深入且廣泛，讓這本回憶錄為讀者留下深刻印象。這本書將彌補大家的無知，充分認識費爾普斯的貢獻。

布拉德福德・德隆（Bradford DeLong）

《蹣跚邁向烏托邦：二十世紀的經濟史》（*Slouching Towards Utopia: An Economic History of the Twentieth Century*）作者

獻給薇薇安娜

Viviana

自序

站在巨人的肩膀上

本書是講述六十年來，我在重塑經濟理論上扮演的角色。首先，是把約翰·梅納德·凱因斯（John Maynard Keynes）和約翰·希克斯（John Hicks）提出的就業理論納入個體經濟學基礎。二十年來，我苦心鑽研一個可取代約瑟夫·熊彼得（Joseph Schumpeter）和羅伯特·梭羅（Robert Solow）成長理論的新理論，在這套理論中，創新和工作滿意度主要是由經濟中許許多多工作者的「活力」所推動。

這本回憶錄也講述我在經濟理論研究生涯的個人經歷：我曾碰到激進的反對者、與我抱持不同主張的人、低估我的老師，但我也有幸親眼目睹幾位大師的風采。此外，我與創新和經濟成長的主流思想分道揚鑣，用嶄新的角度看待工作和人生，這樣的另闢蹊徑給我很大的成就感。

我的思想發展核心在於發現新想法的興奮，以及創造力的發揮，而非測試或應用別人的模型。我成為理論家，起初是研究過去幾十年備受矚目的理論，但在某個時候，我發覺我過去的理論研究都是建立在其他幾位理論家的突破之上。我一直在構想的新元素，都是用來支持或加強其他人的基本理論，而不是形成自己的基本理論。幸運的是，我能改用新的角度來看現代社會經濟，而且在接下來的十年間建立自己的理論。

我的早期研究是從在耶魯大學的考爾斯經濟研究基金會（Cowles Foundation for Research in Economics）、蘭德公司（RAND Corporation）與麻省理工學院工作時碰到的一些概念和想法開始，像是儲蓄的黃金法則、公共債務帶來的危害，以及資本投資有「風險」時的影響。我在這些機構工作五年左右。接下來的五年則是在賓州大學華頓商學院，也在倫敦政經學院和劍橋待了一段時間，並取得一些研究進展，像是在了解凱因斯對薪資行為的觀點上有了突破（亦即「總體的個體基礎」〔microfoundations of macro〕），還有「均衡失業率」的概念（也就是米爾頓·傅利曼〔Milton Friedman〕所說的「自然失業率」）。這些都在標準經濟學（也就是古典經濟學、新古典經濟學和凱因斯主義）的範疇之內。

在接下來的十年，我先在史丹佛大學的行為科學高等研究中心（Center for Advanced Study in the Behavioral Sciences，CASBS）做研究，之後去了紐約，不久就來到哥倫比亞大學，也是我最後的歸宿。我的研究焦點也開始從既有的經濟理論偏離。在史丹佛大學，為了回應一九六〇年代婦女和黑人的不滿，我在文章中提出「統計歧視」（statistical discrimination）的問題。在紐約的時候，我有機會跟史丹佛大學及這個城市裡的哲學家、知識份子就共同關心的議題進行交流。我籌辦一場探討實踐利他主義的跨學科學術研討會，請一群頂尖的學者共襄盛舉，並抵禦芝加哥法學院多位悍將的攻擊。我對社會和道德問題的思考愈來愈深入，我的世界也因此擴展。

我在考爾斯經濟研究基金會做研究時，約翰．羅爾斯（John Rawls）的研究室正好在隔壁。他是影響我那幾年研究最大的人。他的經濟正義（economic justice）概念吸引我撰寫一篇論文，研究實現羅爾斯經濟正義所需的稅收結構。在羅爾斯的著作問世和我的論文發表之後，我一直在想這個社會如何忽視處於劣勢的勞工，這件事教我念念不忘，是我最關注的問題。除了種族與性別平等，經濟正義的概念也是社會思想和政策討論中的新力量。

我在考爾斯經濟研究基金會開始動筆寫的書，增加把人（尤其是弱勢者）導向「有回報的工作」（rewarding work）的論點，使他們得以從參與社會的核心工作（也就是經濟），體驗到尊嚴和成就感（當然，這是非常西方的觀點，在羅爾斯那本偉大的著作裡也有明確闡述）。大約在三十年後，我愈來愈了解工作經驗的重要性，以及工作在我們生活中的核心地位和深遠影響，它們對我的研究也產生深刻的影響。

一九八〇年代，出現其他辯論和發展；一九九〇年代更是眾說紛紜。我忍不住要質疑一種新的說法，這個說法是說：刺激一國的總合需求（aggregate demand）會波及貿易夥伴，也就是「水漲船高」的觀點。此外，我也對凱因斯學派與海耶克學派一直出現的爭論很感興趣，這個爭論點在於：繁榮和蕭條主要是由「結構性的」力量驅動，還是「總合需求的變化」造成？蘇聯解體後，我應邀參加一些與資本主義和社會主義有關的討論；在義大利經濟停滯時，我也受邀分析義大利經濟中「促進企業發展和社會包容性」方面的不足之處。

然而，我記得那些年我的貢獻。例如，現實經濟中預期可能偏離實際情況的論點，以及透過就業補貼來提高底層勞動力薪資的論點。但這些論點與我在新世紀發展出來的新興趣愈離愈遠。

經濟模型中加點「創造力」

我開始探索一條新的發展方向：重新思考熊彼得在一個世紀前，也就是在一九一一至一九一二年出版的著作提出的創新理論。熊彼得把這一套理論教給他的哈佛學生，例如，梭羅。梭羅在一九五六年把這個創新理論納入他的「成長模型」，這是我和每一個受過訓練的經濟學家都必須研究的模型。

一種新的經濟視角開始在我腦海中成型。這是一種現代經濟，保羅．約翰遜（Paul Johnson）認為這種經濟一八一五年左右從英國開始，一八五〇年代末在美國和歐洲蓬勃發展。我回顧當代標準理論（還有我的理論）時，覺得很奇怪。雖然我和其他經濟理論家一直利用人們普遍具有的創造力和想像力來創造新理論和新事物，但在既有的理論模型中，描述的參與者竟然沒有展現出絲毫的創造力！在這方面，我之前的理論研究和其他人的研究一樣，都遵循既有的經濟學前提，認為經濟參與者不具備任何創造力，也沒有展現出創造力，或者根本沒想過要利用自己可能具備的創造力。這種經濟理論只承認工作的負效用（disutility of work）*，忽視家庭調查所謂的「工作滿意度」。

* 譯注：工作帶給人的不快或負面感受。

同時，我想創建一個完全屬於自己的理論模型，而非延伸或改良其他理論家的基本模型。在我的構想中，我認可一般人的創造力。我開始懷疑熊彼得的創新理論是否能解釋十九世紀中葉到二十世紀中葉生產力的爆炸性成長。我覺得我已經準備好建立一套理論，這套理論的基礎是很多人渴望發揮自己的創造力，包括自己的聰明才智和想像力。

本世紀初，有個新想法在我腦中成形。我思考幾個西方國家非凡的經濟成就時，我發覺，擁抱現代價值的社會，比如十九世紀的英國，之後的美國，以及不久之後的德國和法國（這裡只列舉一些大國），社會經濟的大部分（也許是絕大部分）**不只是**利用資本和勞動力投入，加上科學發現帶來的技術進步，來生產現有的產品和服務，在公司工作的人也在構思更好的生產方式，甚至生產新的產品。因此，非常多的人在一國經濟中產生令人印象深刻的本土創新，也就是來自國家企業「內部的」創新（與來自國家外部或企業外部的外來創新形成鮮明對比），而其中大都是「普通人」（正如我所說）。從熊彼得到今天的經濟學家，依然受到新古典主義思想的影響，無法想像有相當多的人可能擁有推動經濟發展的洞見和直覺

（也就是個人知識）。

在這些社會中，這種做法帶來最明顯的報酬就是**物質利益**：在這些西方國家，經濟史學家華特·羅斯托（Walt Rostow）所謂的「經濟成長起飛」接踵而至。薪資遲早會增加，農場和工廠的投資報酬率也會創下新高。結果，帶來的所得成長將工人階級和中產階級的生活水準推升至前所未有的高度（如果這種成長只是熊彼得式創新的結果，就不會如此集中在四、五個國家）。

最後也是最令人印象深刻的是，許多商業人士深入參與，並運用想像力來創造新方法或新產品。這就是普遍呈現出來的創造力。這些人有著異常強烈的欲望想要**茁壯**（Flourishing），他們面對挑戰，希望傳達自己的想法，並實現個人成長。對很多人來說，這種**非物質報酬**的重要性不亞於工作帶來的物質報酬。大多數的人需要工作來養家活口，但大多數的人也需要表達自己的創造力和才能。在這種經濟環境之下，也就是滋養這種經濟模式的社會下，普通人能發揮自己的創造力，開創一種有意義的生活。這是缺乏創造力的職業做不到的事。

因此，我認為要充分了解一個國家的經濟發展方向和成就，必須深入研究人民的性格，特別是一套能激發人民探索未知、嘗試新事物的價值觀，逐步了解我所說的本土創新現象。由人民的創造力推動的創新（以及一套鼓勵他們發揮創造力的價值觀），將能為經濟理論開闢新天地。

然而，要充分了解人民的福祉，還必須有美好生活的概念。這包含的不只是薪資、財富、城市和鄉村的便利設施，以及快速的經濟成長，還有創新與很多員工的參與，一起討論、構思，測試新方法或新產品。如果有一種新方法或新產品還沒經過測試，那可是太陽下的新鮮事，不久後整個國家就會投入其中。這些國家很快將展現我所說的「大繁榮」（mass flourishing）。

讀者如果想在這本書尋找二十年來我個人成長的軌跡，可以在最後一章找到。我離開現有的模型（在這些模型中，我為凱因斯的薪資僵固性提供個體經濟基礎；針對羅爾斯的經濟正義，我探討稅收結構；我也注意到法蘭克・拉姆齊（Frank Ramsey）最適國民儲蓄模型的一個問題），來到一個沒有模型的新領域以後，創新處處可見，工作滿意度很高，而且還有個不只是擁有財富的美好生活。

在我的研究生涯，其他階段都沒能給我這樣的快樂。在構思這個大繁榮的理論時，我善加利用我的創造力，獲得極大的成就感。了解廣泛、有意義的生活之後，我的生活也變得更有意義。

因此，這本書不是自傳，雖然我有很多故事可說。相反的，這是一系列的回憶，講述我六十年來的學思之旅，從我早期對既有就業理論的改良，到打造一個全新的創新理論，乃至於理解這個創新過程（在幸運國家當中，約莫一個世紀的蓬勃發展）如何使很多人獲得有意義的工作和美好的生活。

前言

我的青春年少

我生於一九三三年七月，和父母住在芝加哥北部的葛蘭伍德大道（Glenwood Avenue），密西根湖（Lake Michigan）就在幾條街外。我是獨子，在那個時代，很多家庭都只生一個孩子。

我的母親佛蘿倫絲・伊瑟・史東（Florence Esther Stone）在伊利諾州南部迪凱特（Decatur）的一個大農場長大。家裡有八個孩子，她是老么。長大後，她在芝加哥當營養師，並在這個城市遇見我的父親艾德蒙・斯特羅瑟・費爾普斯（Edmund Strother Phelps）。

我父親則是在伊利諾州北部長大，是製鞋富商之子，在芝加哥一家銀行的廣告部任職。

我一直覺得我父母很登對，不管走到哪裡，都會引人矚目。我父親身高有一百八十七公分，有著運動員的體格。第一次世界大戰爆發時，他還太年輕，無法加入美軍，於是轉而加入加拿大軍隊，留下幾張英姿勃發的老照片。我母親一樣高䠷，她有一百七十五公分，雖然不像運動員，但身材結實。他們都喜歡看書，也注意穿著打扮，偶爾會在星期六晚上出去吃飯，在艾基沃特海灘酒店（Edgewater Beach Hotel）跳舞。我母親擅長交際應酬，後來成為學校的家長會會長和女性選民聯盟（League of Women Voters）主席。每天早上，我要出門上學時，她都在跟其他成員講電話。我父親喜歡與其他人待在辦公室，或是去拜訪其他公司的人。

我父母都受過大學教育。母親是迪凱特的詹姆斯米利金學院（James Millikin College，現已改制為大學）家政系畢業，父親則在伊利諾大學厄巴納—香檳分校（University of Illinois at Urbana-Champaign）攻讀經濟學，也是學校棒球隊的一員。當然，這樣的背景影響我未來的發展方向。

瑞典電視台的一位記者曾經推測，我會走上經濟學這條路和經濟大蕭條有關。的確，當時我的父母都失業了，但那時我還懵懂無知，哪知道父母遭受什麼樣的打擊、日子有多難熬。我的祖父是富有的製鞋商人，可能有對我們一家人伸出援手，或許我母親的兄弟姊妹也幫了忙。但現在回顧過去，如果他們沒有失業，我們的生活應該會更快樂。

然而，我們依然是幸福的家庭。我成天在家裡跑來跑去，有一次不小心摔倒，因此額頭上一直有道疤。夏天，我們有時會去沙灘玩。在一張老照片上，我拿著水桶和鏟子在密西根湖畔堆沙堡，玩得不亦樂乎。我小時候很好動，喜歡亂跑，以及動手做一些有的沒的。

也許，童年最快樂的回憶是跟父親一起走很遠很遠的路，看路上的汽車，以及從明尼亞波利斯奔向終點站芝加哥的芝加哥西北鐵路（Chicago and North Western Railway）四〇〇號客運列車*。我可以感受到引擎的力量。或許父親不知道如何用言語來形容這個世界的種種可能，他認為這種令人敬畏的景象能給我啟發。當時，我的確受到震懾。

哈德遜河畔的童年生活

一九三九年夏天，父親在報上登了求職廣告，在紐約找到一份廣告和銷售工作。那時，他應該也有在芝加哥的報紙上登廣告，但沒有結果。於是，我們舉家遷往美東。令人開心的是，父親的老闆奎格利先生（Mr. Quigley）讓我們在他的公寓借住幾週。那裡有個很棒的陽台，可以俯瞰寬敞的客廳，外面就是哈德遜河，我希望將來也能擁有這麼美的房子。

父親因為找到工作而欣喜，我也發覺父母因為有了收入而鬆一口氣。他一生熱愛工作，時常提到在公司裡發生的事情。

父母對當地最好的學校和通勤問題做了一番研究之後，最後選擇在哈德遜河畔的黑斯

＊譯注：芝加哥及西北鐵路的四〇〇號客運列車是在美國中西部運行的一系列特快客運列車。「四〇〇」指的是芝加哥和明尼阿波利斯之間的距離大約四百英里，但行駛時間不超過四百分鐘。首班四〇〇號列車在一九三五年投入營運，因為舒適豪華而大受歡迎。這款列車是美國鐵路黃金時代的象徵。

廷斯（Hastings-on-Hudson）落腳，住在河畔一棟有花園的公寓大樓，名叫黑斯廷斯之家（Hastings House），可以遙望對岸的帕勒賽茲（Palisades）。對於我這樣的六歲小孩來說，這個地方是讓我的想像力得以延伸的沃土（在戰爭年代，揚克斯〔Yonkers〕對岸下游幾英里石壁上的臉孔，像極了希特勒。一九四七年那裡發生土石流，那張臉才被抹去）。我學齡時期都住在黑斯廷斯之家。因為當時年紀還小，我對二戰的記憶很模糊，不過對於一年級到十二年級這段求學歲月倒是歷歷在目。

黑斯廷斯公立學校（Hastings Public School）猶如天賜之禮。班上大約有五十個男生和五十個女生，不算太少，也不會太多。我特別喜歡二年級的墨菲老師。後來，我在二〇〇〇年美國經濟學會（American Economic Association）年會獲頒傑出研究人員獎章時，曾經提到她的名字，感謝她「教我閱讀和寫作」。

班上有幾個有意思的學生：保羅．裴若頓（Paul Perreten）後來當上律師，在黑斯廷斯執業；茱莉．史考特（Julie Scott）在加州成為傑出的建築師，位於洛斯．阿圖斯（Los Altos）

的普克基金會大樓（Packard Foundation Building）就是由她設計，她的作品還包括大學和其他辦公大樓；李・史奈德（Lee Snyder）成為神學家；唐恩・馬里克（Don Maricle）則是第一個研發出鋰二氧化硫電池（lithium sulfurdioxide battery）的重要化學家；希拉・里爾頓（Sheila Reardon）和鮑伯・布朗（Bob Brown）最後在紐約工作；茱蒂・史威特蘭（Judy Sweetland）則去好萊塢發展，她的母親是歌手，曾在電影中獻唱。儘管同學之間沒什麼競爭，但我知道我必須努力用功，才不會落後。在我居住的黑斯廷斯西北區沒有跟我同齡和年紀相仿的玩伴，因此放學後我得自己想辦法打發時間。

十一歲那年左右，我進行一項調查，計算黑斯廷斯之家的貓咪總數。社區住戶一直記得我做過這項研究。後來，每晚我都在繁忙的九號公路上盯著駛過的汽車車牌，計算來自各州的車輛數目，並研究觀測到的分布情況變化。父母似乎認為我這種好奇心很自然，也盡可能的鼓勵我。

十四歲那年，也就是一九四七年的夏天，我認識吉姆・本恩（Jim Byrne），他住在達布斯渡輪區（Dobbs Ferry）一間有圍欄的大宅院，比我大幾歲。我們一起建立一個的棒球聯盟，他的隊伍跟我的隊伍互相較勁。我們詳細記錄每一場比賽的分數，和每一支球隊在聯盟中的排名。一開始都是紙上比賽；這就像是一種魔術。後來，我們進行雙人棒球賽，互相練習投球。約莫在這時候，父親帶我去球場，這是我第一次觀看真正的棒球賽。後來，我們又去曼哈頓上城的馬球場（Polo Grounds）*看一代巨砲梅爾・歐特（Mel Ott）與傳奇名將史坦・穆休（Stan Musial）的大對決。還有一次，我一個人跑去洋基棒球場（Yankee Stadium），看泰德・威廉斯（Ted Williams）能否突破最新引進的布德羅布陣（Boudreau Shift）※。這些棒球巨人讓我充滿敬畏之情。

由於黑斯廷斯離市中心很近，這讓我們一家有機會接觸紐約大都會和這個花花世界。父親在漫長的一生中，每週一到五都進城上班，即使戰爭期間也是如此，他未曾真正的退休。我們常常有機會體驗一個偉大城市提供的所有機會。我們去看歐文・柏林（Irving Berlin）的音樂劇《這是軍隊》（*This Is the Army*），柏林也在現場觀看；後來也去看《奧克拉荷馬》

（*Oklahoma!*）。有時，母親會帶我去無線電城音樂廳（Radio City Music Hall）看電影或「火箭女郎」（the Rockettes）的歌舞秀。《翡翠谷》（*How Green Was My Valley*）、《歌劇魅影》（*Phantom of the Opera*）和《美人計》（*Notorious*）等電影都讓我畢生難忘。卡萊・葛倫（Cary Grant）的風格教我著迷，謎樣的英格麗・褒曼（Ingrid Bergman）也深深吸引我；克勞德・雷恩斯（Claude Rains）飾演的魅影被扯下面具的那一刻，這種藝術形式的力量深深震懾我。年少的這些藝術體驗，深深影響我對音樂和藝術創造力的欣賞，直到今天，這依然是我靈感的泉源。

不只電影是我的心靈糧食，報紙、收音機和書本也是。多年來，我仍記得一九四〇年美國廣播一代宗師艾德華・默羅（Edward R. Murrow）以肅穆的聲音宣布「這是來自倫敦的報

＊譯注：建於一八七〇年代，最初建造目的是拿來打馬球（Polo），最後卻成為紐約巨人隊繁盛一時的象徵。

※譯注：這是由印地安人游擊手布德羅（Lou Bordreau）提議的防守方式，除三壘手與左外野手，把所有防守球員都移到右半邊，藉此對付強力拉回式的左打者。

導」，接著報導倫敦閃電戰的最新消息。父親每天下班會把在火車上看的日報帶回家。我會在報上找尋有關沙漠之狐隆美爾將軍（General Rommel）和蒙哥馬利元帥（Field Marshal Montgomery）在北非戰場鏖戰的報導。這些故事吸引著我，讓我開始閱讀日報。

我也開始認真閱讀書籍。在我年幼時，父親跟我講《小熊維尼》（*Winnie the Pooh*）和《現在我們六歲了》（*Now We Are Six*）的故事，這些故事啟發了我。我開始在父親的書櫃尋寶，並找到不少好書，如羅勃特・路易斯・史蒂文生（Robert Louis Stevenson）的《金銀島》（*Treasure Island*）、傑克・倫敦（Jack London）的《野性的呼喚》（*Call of the Wild*）和《白牙》（*White Fang*）。這些書引導我去閱讀其他冒險和推理作品，如亨利・萊德・哈葛德（H. Rider Haggard）的《所羅門王的寶藏》（*King Solomon's Mines*）和《長生術》（*She*）、亞瑟・柯南・道爾（Arthur Conan Doyle）的《福爾摩斯探案》（*Adventures of Sherlock Holmes*）、儒勒・凡爾納（Jules Verne）的《海底兩萬哩》（*Twenty Thousand Leagues Under the Sea*）。十幾歲時，我著迷於經典小說，如湯瑪斯・曼（Thomas Mann）的

《魔山》（*Magic Mountain*）、詹姆斯・希爾頓（James Hilton）的《消失的地平線》（*Lost Horizon*）、夏洛特・伯朗蒂（Charlotte Brontë）的《簡愛》（*Jane Eyre*）、愛蜜麗・伯朗蒂（Emily Brontë）的《咆哮山莊》（*Wuthering Heights*），以及同一時期美國小說家的作品，像厄普頓・辛克萊（Upton Sinclair）、薛伍德・安德森（Sherwood Anderson）、恩尼斯特・海明威（Ernest Hemmingway）、約翰・史坦貝克（John Steinbeck）和湯瑪斯・伍爾夫（Thomas Wolfe）。我想透過這些小說更進一步了解這個世界。

這些書，全都是具有驚人想像力的作品，肯定深深影響我。其實，我發表的第一篇論文〈資本累積的黃金法則〉（The Golden Rule of Accumulation）就是用寓言寫的，講述一個虛構王國居民梭羅維人（Solovian，源於經濟學家羅伯特・梭羅之名）想要為一個政策問題找尋答案。我一直以為，我們可從分析虛構經濟體中的虛構人物來獲得洞見。我認為，如果要了解真實世界，我們必須理解一些虛構的世界裡抽象的表述。

在我邁向中學時期的成長歲月，我一直和父母非常親近。我感受到他們給我的愛，也知道他們盡可能讓我具備每一種優勢。我母親是清教徒，她的家族就像莎拉．沃維爾（Sarah Vowell）在《多話的船員》（*The Wordy Shipmates*）這本有趣的麻薩諸塞灣殖民地史書中的人物。因此，工作是她存在的核心意義。在我高中畢業之前，照顧我就是她最主要的工作。每天我放學回家，她總會端出一盤剛出爐、熱呼呼的巧克力脆片餅乾。但我吃了餅乾，沒說幾句話就拍拍屁股走了，她也沒唸我。那時是一九四〇年代，我總迫不及待打開收音機，轉到WBAI電台，聽查利．帕克（Charlie Parker）的爵士樂，接著翻閱新出刊的雜誌，然後練習小號。母親向來不遺餘力支持我們父子。父親下班時，她常開車去火車站接他，我也跟著去。在我上大學之後，她才就業，在揚克斯教家政和營養學。

我的父親生性害羞，也許我的內向跟他有關。不過，在一些朋友的眼中，我並不是個害羞的人，在芝加哥和馬德里對一千多人的聽眾演講時，我也能侃侃而談。在家裡的餐桌上，我總是仔細傾聽父親說辦公室裡的事。他是我與外面世界的連結，尤其是商業世界，儘管他沒賺多少錢。更重要的是，他是個自豪且有愛心的父親。

我們是黑斯廷斯之家（甚至是全黑斯廷斯）最早擁有電視機的人家。我家的美格福斯電視機（Magnavox）和一台可播放33轉黑膠唱片的唱機都鑲嵌在一個桃花心木的櫃子裡。一天，父親下班回家，手裡拿著一張《阿依達》（*Aida*）的詠嘆調唱片，其中一首是黃金男高音貝尼亞米諾·吉格利（Beniamino Gigli）唱的，另一首則是義大利女高音唱的。我想，由於父親是男中音尼爾森·艾迪（Nelson Eddy）的粉絲，他希望我能享受聲樂。他也支持我學樂器。

我開始學小號之後，他就帶張哈里·葛蘭茨（Harry Glantz）吹奏的號角樂曲唱片回來。葛蘭茨不但是阿圖羅·托斯卡尼尼（Arturo Toscanini）最欣賞的小號首席，也是威廉·瓦奇亞諾（William Vacchiano）的偶像（後面會再談到他）。我能感受到父親對我的支持，這對我意義重大。

我們喜歡進行一些家庭儀式：夏天，一家三口坐著一九三九年出廠的克萊斯勒回到芝加哥和梅森城（Manson City）探望親戚，我有二十六個堂表兄弟姊妹；後來，我們每年都會去聖羅倫斯灣（Gulf of Saint Lawrence）的愛德華王子島（Prince Edward Island）度假，我和父親一起打高爾夫球，然而我一直打不好。感恩節的火雞大餐是另一個珍貴的家庭儀式。聖誕節也是，我會和父親進城挑選聖誕樹，掛上閃亮的金屬絲帶和美麗的吊飾。有些飾品來自遙遠的布拉格。中午，擺在聖誕樹底下的禮物發送完畢之後，母親就捲起袖子準備聖誕節大餐。

約莫在我十三歲的時候，父母開始帶我去新教教會。我和父親站在一起，高唱路德聖詩等聖歌。儘管我後來沒再去過教會，他們似乎並不在意。

我是有創造力的人

回想起來，我發現父母一直讓我自由的去探索、試驗。我在車流不斷的九號公路騎六個小時的自行車，他們沒反對。為了賺錢買車，我去鄉村俱樂部游泳池打工，他們也沒阻止我。我認為，他們對我的信任與溫和的教養方式，幫我找到充實、豐富的人生之道。

中學時，我的空閒時間幾乎都奉獻給音樂。我在學校管絃樂團和管樂團吹小號。九年級時，我的偶像是小號首席查爾斯．諾里斯（Charles Norris），他那年春天畢業，夏天就加入查理．巴奈特樂團（Charlie Barnett Band）。我很高興能接替他，成為學校樂團的小號首席，後來我加入哈德遜河谷交響樂團（Hudson Valley Symphony Orchestra）、阿默斯特學院管絃樂團（Amherst College Concert Band）和史密斯學院管絃樂團（Smith College Orchestra）。

查理畢業時，跟他一起加入舞蹈樂團的同學也畢業，我們這些學弟妹也就有機會成立新樂團。我們的第一場演出是在對岸的奈亞克（Nyack），接著我們在威徹斯特郡（Westchester County）南部各地演出。演出很好玩，我們也順便賺一點錢。我特別喜歡在獨奏〈星光下的史黛拉〉（Stella by Starlight）時，努力在腦海中再現比利．巴特菲爾德（Billy Butterfield）在亞提蕭樂團（Artie Shaw Band）時演出的樂聲。

就像古人笑說，樂器要演奏得好，只能「練習，練習再練習」。我的小號老師梅爾文．

華蕭（Melvin Warshaw）是茱莉亞音樂學院畢業的，師事紐約愛樂小號首席威廉・瓦奇亞諾。因此，我常聽羅伯特・蕭（Robert Shaw）指揮的巴哈B小調彌撒，瓦奇亞諾就是銅管部的首席。在那張唱片裡，我們學校的音樂主任霍華德・馬許（Howard Marsh）則是合唱團的歌手。幾年後，我第一次聽到羅傑・瓦贊（Roger Voisin）吹奏韓德爾《彌賽亞》神劇中的〈號角響起〉（The Trumpet Shall Sound），感動到心神俱顫。瓦贊後來成為波士頓交響樂團的小號首席。我年少崇拜的英雄，像瓦奇亞諾和瓦贊，讓我見識到什麼是表演典範，了解創造力能帶來什麼。

我們運氣不錯，馬許主任取得校方同意，給我們八個學生上音樂學入門。有一天，他出了一份作業，要我們用一系列和弦搭配C大調音階進行和聲，我譜寫的作品讓馬許主任驚豔，我自己也頗為吃驚。我發覺自己是有創造力的人。其實，我後來發現，很多人都辦得到。

幾十年後，我在斯德哥爾摩遇見多位諾貝爾獎得主，我很驚訝，他們當中有不少也是音樂方面的行家。在理論的建構和測試方面有天賦的人，很可能也有藝術表現的才華。我因而想起，我一完成研究所的學業，就不迫不及待想多看點書。我接連讀完五、六本史諾（C. P. Snow）*的小說。現在，回頭來看，我發現這些小說有共同的主題，那就是藝術的創造力和科學的創造力都源於一個共同核心，也就是人類的創造力。

大學時期的經濟學啟蒙

一九五一年夏末，我準備離家去上大學。我就讀阿默斯特學院（Amherst College），這是一所男子學院，位於麻州西部風景優美的先鋒谷（Pioneer Valley）。一九五五年，也就是

*譯注：二十世紀英國科學家、小說家，以一系列政治小說聞名，描述現代學術與政治背景之下的知識份子，如《院長》（*The Masters*）、《新人》（*The New Men*）與《權力走廊》（*The Corridors of Power*）。

我入學那年，學校招收的大一新鮮人約有三百名。

我想，每個學生都覺得能在這所學校求學是件很榮幸的事。校園中央有一個四方庭院，周圍都是有三百年歷史的老建築。學生會在圖書館前面的草坪玩飛盤。行政辦公室和約翰遜教堂（Johnson Chapel）都在西側，那裡還有兩棟宿舍，也就是北院和南院。我大一的時候住在南院，比較熟的同學多半也住在這裡。

大一的課程就很不簡單。第一次上英文課時，教授拿出一張地圖，問我們：「阿默斯特是什麼樣的地方？」有人說：「就是地圖上標示『阿默斯特』那個點啊。」我了解班上有些同學比我要來得老成，至少在某些方面。那年，我修習一種外語、微積分和科學概論，通過體能測試，像是引體向上與游泳。每天早上，我們必須到不隸屬於任何宗派的約翰遜教堂聽講道。我感覺到，我們正在接受訓練，以便將來在這個國家擔任重要角色。由於任務重大，有點令人惶恐。

兩個學期的人文課程有助於塑造我的人生觀和一生的工作。古希臘戲劇和古羅馬聖人讓我印象深刻，文藝復興時期的作品也是。十六世紀殺死敵人的雕刻家本韋努托・切里尼（Benvenuto Cellini）的雄心讓我震撼；我們從古希臘吟遊詩人荷馬（Homer）的《奧德賽》（*Odyssey*）了解探險；從文藝復興時期人文思想家伊拉斯謨斯（Erasmus）的作品，得知如何擴展可能性；看宗教改革家馬丁・路德（Martin Luther）闡述個人主義；從蒙田（Montaigne）的隨筆了解個人成長；塞萬提斯（Miguel de Cervantes）的《唐吉訶德》（*Don Quixote*）告訴我們試煉自己的必要性；莎士比亞的《哈姆雷特》（*Hamlet*）則教我們拿出行動的勇氣。

有一門探討柏拉圖（Plato）、大衛・休謨（David Hume）和亨利・柏格森（Henri Bergson）的課也讓我留下深刻的印象。柏拉圖有關美學的對話錄、休謨對新事物的觀點，以及柏格森論創造力和流變（becoming）都教我驚嘆。對我過去四分之一個世紀的研究而言，這些思想愈來愈重要。

這幾位及其他過去偉大的人物一直影響著我，特別是他們的大膽和原創性。如果我們要往新的方向前進，就需要這些典範來激勵自己。

接觸其他文化對一個人的智能發展也很重要，可以擴展心靈，獲得意想不到的體驗。暑假時，我的同學理查．戴維斯（Richard Davis）和約翰．史東（John Stone）找我一起壯遊歐洲，儘管沒能走遍全歐，不過最重要的幾個城市都去了。那時二戰已經結束七年，去看看承平時期的歐洲其實很吸引人。我們搭了幾天的船，橫渡大西洋，接著坐了一天的火車，終於來到巴黎歌劇院廣場，在星空下喝啤酒。不久，我們抵達羅馬，在帕里奧利（Parioli）一家頂樓餐廳品嘗美食，然後造訪維也納國家歌劇院。最後，我們去倫敦和牛津。回程，我們從維也納坐夜車，火車在慕尼黑郊外的一個地方暫時停留。從車窗往外看，只見一望無際的廢墟，這個景象教我震驚，永生難忘。此刻，我覺得我更了解這個世界了。

在阿默斯特學院，我先住在南院宿舍，之後搬到名叫傑夫會所的宿舍（Jeff Club，兄弟會之外的住宿選擇）。我很幸運，就像年少在黑斯廷斯求學時，在此結交一些益友，他們後來都很有成就。羅伯特．法格斯（Robert Fagles）喜歡沉浸在古典文學，成為《伊里亞德》和《奧德賽》原典英譯的先驅；麥克．沙爾（Michael Sahl）是我們當中最聰明的人，會作曲，鋼琴也彈得很好，他會用五弦班鳩琴彈奏藍草樂曲（bluegrass songs）*娛樂我們，偶爾也會在酒吧，在鋼琴琴槌上加上圖釘改變音色，彈奏巴哈的《布蘭登堡第五號協奏曲》（Brandenburg Concerto No.5）；他後來成為美國樂壇的知名人物。雷夫．艾倫（Ralph Allen）有過目不忘的本事，能背誦每一本書，考試作答速度飛快，無人能及；他後來實現夢想，成為百老匯劇作家，他創作的《甜心寶貝》（*Sugar Babies*）非常賣座，這是何等的才華和抱負。因此，傑夫會所真是臥虎藏龍。大詩人羅伯特．佛洛斯特（Robert Frost）偶爾會來阿默斯特，甚至來我們的宿舍。我們都知道他寫的句子：「我選擇少有人走的路，一切就此大不相同。」這是出自他的名詩〈未行之路〉（The Road Not Taken）。佛洛斯特的其人其言

*編注：一種源自美國的音樂風格，以快節奏、明亮的旋律、使用弦樂器（例如：五弦班鳩琴、吉他、提琴、低音提琴等）和特有的合聲聞名。

大大啟發我，也引我深思。

當時我想，我應該會主修哲學，因為我覺得哲學很吸引人，論理清晰。父親則建議我修一門經濟學的課，他想，也許我會喜歡。因此，大二我選修經濟學概論。父親說得沒錯。我發覺保羅．薩繆爾森（Paul Samuelson）寫的教科書令人驚豔，詹姆斯．尼爾森（James Nelson）的講座妙語如珠、引人入勝（他是保羅在哈佛研究所的同學）。我還有修其他經濟學課程，最後決定主修經濟學。

我會被這個學門吸引的一個原因是，我在經濟學概論看到一個難題，希望能找到解答。我不清楚總體經濟學（整個經濟社會的總和行為，如投資與儲蓄、勞動力、失業和利率等）和個體經濟學（關於個別公司、員工和投資人的行為）兩者的關聯。這兩個領域似乎互不相干，如果把這個鴻溝填補起來，對經濟政策也許會有很大的影響。的確，這種念頭深深吸引我。

大三和大四，我很幸運能上到亞諾德．柯勒里（Arnold Collery）的課。他是來自普林斯頓大學的經濟學者，頭腦犀利，鑽研總體經濟學，從貨幣理論到景氣循環模型都是他的研究領域。幾年後，他在爭取哥倫比亞學院（Columbia College）院長時，我有幸成為他的推薦人。在他院長任內，推動學院也招收女學生。後來，我們成為哥倫比亞大學經濟系的同事。

大三快結束時，經濟系宣布保羅・薩繆爾森將蒞臨演講。我讀過他寫的教科書，那時候他可是經濟學理論的翹楚。此外，我們系派出三、四個頂尖學生與他交流（我也是其中之一）；當然，這很不得了。我在CBS電視台的節目看他和經濟史家亞諾德・湯恩比（Arnold Toynbee）辯論時，就知道他是當代首屈一指的經濟學家。

他那天演講的主題是奧地利的經濟，分析得很透徹。跟他交談時，他看出來我很緊張，設法讓我放輕鬆一點。他說，不管我決定去哪一間研究所，我都應該盡量在那裡待久一點，一旦離開，必然會有分身乏術的問題。不管如何，我覺得像是交了個新朋友。其實，這正是一段長久友誼的起點。我記得我們在二〇〇九年的秋天通電話時，他說他已經九十四歲，演講完往往累到虛脫，沒力氣對聽眾微笑。

我學到的東西並非全部來自書本、文章和課堂。大四那年，我從阿默斯特學院圖書館收藏的期刊讀到凱因斯和海耶克（Friedrich Hayek）就財政刺激和貨幣刺激的效果進行激烈的辯論。看到（至少有一本）經濟期刊對新思維抱持如此開放的態度，使我莫名興奮，我也很高興能看到這些理論背後的人物。

大約在這個時候，美國經濟學界的巨人威拉德・索普（Willard L. Thorp）回到阿默斯特教書。前幾年，他都在研究華爾街。他曾擔任羅斯福政府國家經濟臨時委員會（Temporary National Economic Commission）主席，研究獨占的問題；戰後，他則是助理國務卿威廉・克萊頓（William Clayton）的左右手，幫忙催生馬歇爾計畫。[1]索普接著在阿默斯特創立美林經濟研究中心（Merrill Center for Economics）。那年夏天，第一屆年會的舉辦地點就在長島南安普頓（Southampton）查爾斯・美里爾（Charles Merrill）的莊園，我們學院找了四個學生去幫忙，我就是其中之一。

我從那兩週的活動中獲得豐富的經驗。我也因此有機會認識那個時代頂尖的經濟學家，包括哥特弗里德・哈伯勒（Gottfried Haberler）、雅各・維納（Jacob Viner）、亞倫・哥登（Aaron Gordon）等人。我沒想過能與一些大人物齊聚一堂。這個瞬間深深印在我的腦海裡。不久前，我才在《紐約客》（*New Yorker*）看到盧修斯・克雷將軍（Lucius Clay）的報導，他被譽為全美最重要的人，現在他人就在莊園的接待區，站在我面前，跟我說話（他問我，將來想從事什麼行業。我說，我想在政府部門工作。其實，後來我只在公部門待很短的時間）。我也見到克拉莉絲・索普（Clarice Thorp），她是威拉德・索普的賢內助，也是這次年會的重要幹部。她頭腦機靈，辦事能力很強，讓我非常佩服。她似乎對我有很高的期望，這給我很大的鼓勵。

我也有幸認識來參加這次年會的艾米爾・戴斯普雷斯（Emile Despres）；這位經濟學教授見多識廣、豪爽曠達。他對我們這四個學生很感興趣，還講他的故事給我們聽。他跟我討論史隆・威爾森（Sloan Wilson）的小說《穿法蘭絨灰西裝的人》（*The Man in the Gray Flannel Suit*），小說主角湯姆・拉斯（Tom Rath）是個努力在物質文化中尋求幸福的人，這是我第一次與人討論工作經驗，也讓我聽到有關工作滿意度的討論。十幾年後，我寫了一篇文章，探討擁有一份熱愛的工作有何重要。近幾年，我也探討工作滿意度長期下滑的問題。

大四那年，我決定讀研究所。在一次專題討論課上，柯勒里帶我們研究一九〇〇至一九五〇年的景氣循環模型，讓我申請研究所的決心更加堅定。激發我研究興趣的，是很好奇由薪資與價格設定的個體經濟學，與目前針對就業、物價水準及其波動發展出來的總體經濟模型為何會「脫鉤」。要解決這個問題，我必須了解經濟理論的基礎。我認為，這是一流大學經濟系碩、博士課程的核心。

我申請幾間學校：包括薩繆爾森和梭羅這兩位經濟學大師坐鎮的麻省理工學院、名聲卓越的哈佛大學，以及我比較不了解的耶魯大學。尼爾森和柯勒里幫我寫推薦信。上述三所學校我都錄取了。我後來發現，耶魯經濟系已經非常國際化，而且能容納不同的觀點，也提供最優渥的獎學金，所以最後我選擇耶魯大學。

無庸置疑，如果沒有阿默斯特學院的培育，我不可能有這樣的機會。我在那裡牢牢打下學術研究的根基，尼爾森和柯勒里這兩位良師更協助我申請研究所。一九七五年，阿默斯特開始招收女生，我認為這所學校已經成為一個更適合學習、也有益個人發展的地方。然而，後來我發現阿默斯特不再要求學生上兩個學期的人文課程。我覺得非常可惜，因為那些課程的薰陶對我的智識發展非常重要。

在耶魯大學做研究

耶魯大學沒讓我失望。校本部的哥德式建築非常壯觀。紐海文（New Haven）附近的生活便利，有一家奧匈美食，還有一家戲院，新劇要去百老滙上演之前，通常會先在這裡演出（當然，這裡跟紐約無法相比）。

一九五五年，我就讀耶魯經濟研究所。我很喜歡第一年的課程，如威廉・費爾納（William Fellner）開的上、下兩學期經濟學理論基礎課程、湯瑪斯・謝林（Thomas

Schelling）教的國際貿易、羅伯特・特里芬（Robert Triffin）的國際貨幣體系、亨利・沃里克（Henry Wallich）的貨幣政策、提亞林・庫普門斯（Tjalling Koopmans）的一般均衡理論、羅伯特・薩默斯（Robert Summers）的統計學概論，儘管我對統計學興趣缺缺。還有，詹姆斯・托賓（James Tobin）開設的高等統計學。托賓教授後來還特別指導我閱讀總體經濟模型方面的文獻，我因而了解，就我們設想出來的模型必須調查有多少實證支持。這點非常重要。

我常和亞瑟・歐肯（Arthur Okun）交流，也跟傑拉德・德布魯（Gérard Debreu）及雅各・馬爾沙克（Jacob Marshak）有一些接觸，他們都是耶魯考爾斯經濟研究基金會的成員。在我看來，自從劍橋圈子（Cambridge Circus，一九二五年到一九三五年以凱因斯為首的一群劍橋經濟學家）出現以來，耶魯擁有一群最傑出的經濟學家。當然，芝加哥大學也很強，該校的米爾頓・傅利曼、喬治・史蒂格勒（George Stigler）、蓋瑞・貝克（Gary Becker）、哈瑞・約翰遜（Harry Johnson）、狄奧多・舒茲（T. W. Schultz）和羅伊德・梅茨勒（Lloyd

Metzler）都是經濟學界的翹楚。總之，耶魯大學經濟系的教學和學術水準很高。

有些老師的人生經歷頗不尋常。[2]像是托賓是個聰明絕頂的奇才；赫爾曼・沃克（Herman Wouk）的小說《凱恩艦叛變》（*Caine Mutiny*）就是根據托賓一生的真人真事所寫成。小說提到，有一次，船艦因引擎故障，無法前進，就像個坐以待斃的靶子，很容易被潛艇魚雷擊中。見習軍官托比特（Tobit）花了好幾個小時研究技術數據，終於重新啟動引擎。

講起課來最熱情洋溢的就是羅伯特・薩默斯。在柯林頓時期擔任美國財政部長的勞倫斯・薩默斯（Lawrence Summers）是他的兒子，肯尼斯・阿羅（Kenneth Arrow）則是他的姻親。他在統計學概論的課堂上曾說，有一個學生（這名學生也許是虛構人物）打斷他的話，問：「老師，但是那個模型裡的人在哪裡？」我了解這個學生想要在模型中找到「一般人」形成預期心理或構思新方法的看法。在我日後建立模型的過程中，這個故事經常出現在我的腦海中，儘管這個故事可能是杜撰的。

耶魯不只師資傑出，也常接待來這裡舉行新書巡迴分享會的學者和作家。很多作者如果要去紐約或華盛頓特區，也會順道來耶魯大學。我沒有那麼多的時間聽演講，但我沒錯過英國科學家和小說家斯諾（C. P. Snow）的演講。他強調，科學與藝術不該涇渭分明。他認為，這種分裂是解決世界問題的重大障礙；這種看法深得我心。畢業後，我除了讀他的大作《權力走廊》（*Corridors of Power*），還看好幾本《陌生人與親兄弟》（*Strangers and Brothers*）系列的小說。我漸漸發覺，我對科學和藝術領域裡的人物充滿好奇。

我還遇見耶魯的傑出校友。一天午飯後，我在研究生館閱覽室看《紐約時報》（*New York Times*），抬起頭來，赫然發現杜魯門政府的國務卿迪恩・艾奇遜（Dean Acheson）就站在我眼前。他可是當時全美最知名、最令人景仰的人物（幾年後，我拿到博士學位，參加畢業典禮時，他身穿紅袍、手持代表最高學術權力的銀製權杖，帶領畢業生入場）。他憂心忡忡的說，現在的學生幾乎不看報了。的確如此。

接著，他談到共產主義，提到有些批評人士蔑視蘇維埃共產主義為達目的不擇手段。他評論：「有什麼能證明手段的合理性呢？」那時，我只能點點頭，表示同意。多年來，我一直在思考他說的話。我想，艾奇遜認為，**如果**共產主義是實現平等的唯一手段，或說是最好的做法，而且我們只在乎平等的話，共產主義就站得住腳。儘管西方社會有很多人希望看到約翰．羅爾斯的薪資正義（wage justice）能夠實現，讓最弱勢者得到公平、合理的薪資，也希望看到繆達爾（Gunnar Myrdal）提出的種族正義，以及貝蒂．傅瑞丹（Betty Friedan）倡導的性別正義（即使更多的正義幾乎無助於減少不平等），西方大多數人也需要一種經濟型態，能提供讓人願意投入、甚至有趣的工作，從而過著充實的生活。共產主義（社會主義）或統合主義（法西斯主義）並無法滿足多元的需求。

在耶魯經濟系裡，各種觀點、各種思想流派形成百家爭鳴的榮景。我依稀記得亨利．沃里克進行過一項意見調查，顯示大家意見分歧：托賓和歐肯強烈支持凱因斯主義，但並不激進，費爾納則否；特里芬和沃里克對凱因斯主義沒有多大信心，甚至興趣缺缺。但費爾納和托賓感情很好、互相尊重。在這四年裡，我的觀點沒有很大的變化。我認為貨幣刺激是加速經濟復甦的特效藥；然而，我也擔心財政刺激可能會對投資產生影響。在我的研究生涯中不只一次探討過這個問題。

我在研究所的第三年有機會做研究，也許可以準備寫博士論文。我不必上課，也不必教大學部的學生，但我還不知道要寫什麼。由於前兩年我大多數時間都花在研究方法和模型上，因此沒有專心思考如何成為經濟理論學家。我向湯瑪斯．謝林徵求意見，他建議我在考慮在疊代（overlapping generations）的情況下，重建國民儲蓄理論，羅伊．哈洛德（Roy Harrod）和楊．范德葛拉夫（Jan de Van Graaf）討論過這個主題；法蘭科．莫迪利亞尼（Franco Modigliani）則在一九六一年的研究中成功了解這個問題。結果，我把這個研究計畫搞砸了，不得不放棄，浪費了一年。一開始我不知道化繁為簡的重要性。但雖然這次挫敗很令人沮喪，我沒有因此卻步。

回顧大學和研究所時期的艱難歲月，也就是一九五〇年代，我就像許多人一樣，需要電影來消愁解悶，特別是那個時代的電影。那十年的黃金時期，像斯德哥爾摩的新電影，例如：英格瑪．柏格曼（Ingmar Bergman）的《鋸木屑和金屬絲》（*Sawdust and Tinsel*）和《野草莓》（*Wild Strawberries*）；巴黎興起新浪潮電影運動（Nouvelle Vague）；好萊塢特藝彩色技術（technicolor）開創彩色電影紀元，直到今天，這些經典電影仍教我念念不忘。這股創造力的爆發令人嘖嘖稱奇，也拓展我對人性的認識。

到了第四年，我的生涯出現轉機。雖然我還沒動手寫論文，不過我開始教授第一門課程，那是為一九五七至一九五八年秋季入學的新生開設的經濟學概論。我似乎教得不錯，但那時還沒有教學評鑑，所以很難說。

三十九年後，我終於聽到學生的意見。《華爾街日報》的編輯主任保羅・史泰格（Paul Steiger，他後來創立非營利的公眾利益調查報導組織ProPublica）打電話給我，說他想在報社舉辦一場午餐會，向我致敬。敲定日期之後，我問他，我們是否認識。

他說：「是的，您是我在耶魯教經濟學概論的老師。」我怯生生的問他，我教得怎麼樣。

「您教得很棒。」他說。

我喜出望外的說：「真的嗎？」

「沒錯，您是非常優秀的老師。因為上了您的課，我才把主修從政治學改為經濟學。」

我很好奇，他後來學得如何。

「不太好。」他說：「在大四上詹姆斯．托賓的專題研討之前，經濟學方面我只遇見一位好老師，那就是您。」我不知道該說什麼。

我跟詹姆斯．托賓說還不知道論文要寫什麼的時候，他有一個想法。他建議我想出一個方法來衡量通貨膨脹有多少是由成本上漲所導致，有多少是因需求推動導致。我建立的模型和數據應用進行得非常順利。我終於做出一些成果。[3]在一個美麗的六月，我取得博士學位。

第一章

生涯起點

儲蓄的黃金法則與公共債務

我從耶魯大學取得博士學位幾天後就飛往洛杉磯，在加州聖塔莫尼卡（Santa Monica）的蘭德公司任職。這是一個智庫，集結經濟學、數學、作業研究等領域的優秀專家，為國防部研究重要問題。這個單位的經費主要來自美國空軍，似乎還有國務院。

出乎意料的是，湯瑪斯・謝林也在蘭德公司，他正在想辦法阻止冷戰。當時，肯尼斯・阿羅已經是頂尖經濟理論家，我是透過羅伯特・薩默斯認識他的。這裡還有數學家理查・貝爾曼（Richard Bellman），他剛在時間的最佳化問題（optimization）上取得突破。一個由理查・尼爾森（Richard Nelson）帶領的理論家團隊正在做「技術進步」的新工作，更確切的說，他們做的就是「創新」。午餐後，我們常在海灘上的棧道一邊散步，一邊交換意見或是爭論。這裡真是個好地方。

洛杉磯也是個令人嚮往的花花世界。威爾榭大道（Wilshire Boulevard）上的汽車經銷商展示間擺放一部部嶄新的高級名車，像是奧斯頓・馬丁（Aston Martin）或賓利（Bentleys）。家具展示廳裡則有丹麥設計巨匠漢斯・韋格納（Hans Wegner）設計的椅子和包浩斯的設計代表作巴塞隆納椅。剛出道的歌手會在北聖塔莫尼卡大道（North Santa Monica Boulevard）上的遊吟詩人夜總會（Troubadour）獻唱，做為踏入歌壇的第一步。一九七〇年代是巔峰時期，你可以在這裡看到艾爾頓・強（Elton John）、尼爾・楊（Neil Young）、卡洛爾・金（Carole King）、卡莉・賽門（Carly Simon）和詹姆斯・泰勒（James Taylor）。無數電影院遍布全郡。這裡還有一個歌劇院和一間偉大的藝術博物館，一個音樂廳將在近日落成。加州風情美不勝收，馬里布（Malibu）、貝萊爾（Bel Air）、比佛利山莊（Beverly Hills）、海灘和游泳池。英國藝術家大衛・霍克尼（David Hockney）在一九六四年來到這裡，用畫筆捕捉不少明媚的加州風光。

在加州各地旅行、結識洛杉磯以外的人很有趣。有一個週末，蘭德和史丹佛的作業研究專家哈維・華格納（Harvey Wagner）帶我去柏克萊，我在那裡遇見鼎鼎大名的戴爾・喬根森（Dale Jorgenson），後來我們的學術生涯有多次交集。而最令人印象深刻的是阿馬蒂亞・沈恩（Amartya Sen），我們一見如故，至今仍保持連繫。他樹立起認真、嚴謹的學術標準，我一直把這樣的標準當成是自己研究生涯的標竿。

我很喜歡我在蘭德的工作。我是後勤部（Logistic Department）的人員，那裡有好幾位經濟學家和統計學家。我通常在週一到週四工作，處理一些有點困難的問題，像是與可用飛機零件庫存和需要維修的零件庫存相關的問題。我解決那個問題後，連肯尼斯·阿羅也評論，在動態規畫中這是解決二維問題的罕見例子，他甚至想要把這個問題放進他正在編輯的一本書中，但太遲了，我已經對此失去興趣。週五，我則可以鑽研自己想要研究的東西，那時我想研究一國的風險性資本最佳的累積數量。我後來完成這個研究計畫。幾個月後，我給理查·貝爾曼看我的方程式。我不知道這位著名的動態規畫發明者會怎麼說。

「這完全沒意思！」他說：「資本存量會變成無限大。」

「沒錯，」我說：「但我研究的是資本存量的**增加速度**！」

蘭德公司的工作很有趣，但我終究還是想回到學術界，做經濟理論方面的基礎研究。我想，這才是我在行的事。我在耶魯的考爾斯經濟研究基金會找到一個助理教授的職位，要教的課不多，沒有其他任何類似的機會。於是，我回到東岸，重新踏上經濟理論的研究之路。

發表資本累積的黃金法則

一九六〇年九月，我回到耶魯，一開始還不知道接下來的六年要做什麼理論研究，當然也不知道會成功或失敗。結果，成敗的滋味我都嘗到了。當時，我試著想出一些新理論，於是開始留意現有理論未被注意到的意涵，或者可以改進的空間。

從事理論研究非得在學術或科學期刊發表不可。我在考爾斯經濟研究基金會任職期間發表三篇研究報告，第一篇是〈資本累積的黃金法則〉，一九六一年九月在《美國經濟評論》（*American Economic Review*）發表短論部分的篇章，[1]這篇論文閱讀人數最多。這項研究我是從羅伯特·梭羅和崔佛·史旺（Trevor Swan）在一九五〇年代建立的成長模型得到啟發的，[2]概念非常簡單。

假設一個社會長久以來的技術一直是以固定的速度在進步，而且持續很長一段時間。同時，社會上每個人決定把所得存起來的比例（簡稱「儲蓄率」）也是固定的，而且儲蓄率**水準**可能過高或過低。我用一個簡單的數學來做說明，能夠無限期維持**最高**消費成長路徑的儲蓄率水準，等於所得中利潤（而非薪資）所占的比例。如此一來，資本報酬率將趨近國民所得成長率。這麼說或許很抽象，忽略很多相關事物或因素，卻顯示一個問題，也就是儲蓄率可能**太高**。這個發現也許會讓人質疑一些財政規畫者的看法，這些財政規畫者認為，大幅提升儲蓄率，可以避免人均消費減少，否則世界人口急遽增加，也會導致人均消費的下降（與消費成長路徑下滑的壓力相比，人口無限成長對環境造成的破壞更令人擔憂）。

在我的經濟理論研究當中，這篇簡短的論文占有一個奇特的地位。我在大家全神貫注的看著方程式推演的興奮背景下，提出這個數學模型。有些讀者覺得很有趣，梭羅甚至因此寫了一篇沒有發表的寓言；還有一些人表示存疑；不過也有人問我，為什麼要做這樣的研究。我想，可能是為了讓人注意到這個問題及其解決之道，也有可能是為了取悅我自己和讀者。

也可以說，這篇文章諷刺經濟學家的模型簡單到了極點，而且非常抽象。也許，這只是反映我想表達一點想像力，展現我的創造力。另一件奇事是，很多論文作者不知道等上多少年才有人引用，但我寫的這篇短文，在短短幾個月就出現在教科書和其他期刊文章中。後來，諾貝爾經濟學獎評選委員會宣布我獲獎時，在長達四頁的介紹中還特別提到我寫的「黃金法則」論文。

在考爾斯經濟研究基金會那幾年，我寫的第二篇論文〈風險性資本的累積〉（The Accumulation of Risky Capital），一九六二年十月發表在《計量經濟學》（*Econometrica*）[3]。我在蘭德工作的時候發想這篇論文，最後在考爾斯經濟研究基金會工作時完成。我會寫這篇文章是因為我很好奇，我想分析，投資報酬率波動變大，變不穩定，這樣的風險增加是否往往會使儲蓄總量**減少**，因此（在均衡條件之下）會壓縮投資，減緩資本累積；或者反過來，往往會使儲蓄供給**擴大**（因為風險趨避的投資人怕賠錢，因此更傾向持有更多安穩的儲蓄），因而有更多的投資空間，加速資本累積。答案是，這兩種情況都可能發生（這個結果也許有助於解釋，為什麼主要依賴風險性資本收入的家庭通常會比較節儉，像是農夫或靠繼承致富的人）。雖然我沒有更深入研究這個領域，但我很高興保羅．薩繆爾森在一九六九年發表的一篇論文更進一步探究這個問題，哈佛商學院也有人繼續做這方面的研究。

我在考爾斯寫的第三篇論文是〈投資的新觀點〉（The New View of Investment），一九六二年十一月發表在哈佛大學《經濟學季刊》（*Quarterly Journal of Economics*）[4]。梭羅在一九五〇年代開創「成長模型」之後，提出技術進步的概念，技術進步必須「具體應用在」新的資本財之中，才能發揮生產力。我在論文中寫道：「在這種新的觀點中，投資的作用不只有促進現代化，還會增加資本存量。」我發現，長遠來看，在成長模型中納入具體應用的技術進步，並不會對模型造成什麼影響。事實證明，成長率與投資報酬率是一回事，技術進步必須在投資中「具體應用」又是另一回事。我還研究這個模型的短期動態。例如，在某個投資產出比率下，預期勞動人口成長率上升，會導致更多現代資本存量增加。雖然這篇論文寫得不錯，也不會很枯燥，但開創性不大，也就乏人問津。

與保羅・薩繆爾森腦力激盪

在考爾斯經濟研究基金會工作期間，我覺得我和同事在研究中處理的問題比較接近我們的世界。我在那裡的第一年（一九六〇至一九六一年），約翰・甘迺迪（John F. Kennedy）擊敗理查・尼克森（Richard Nixon），在一九六一年一月入主白宮。我永遠忘不了那一天。那天學校通知我，要我去伍爾西堂（Woolsey Hall）監考，是離我家將近兩公里的地方。我走到半路就開始下雪了。監考完，我急著回家去看甘迺迪和佛洛斯特就職。我在阿默斯特學院就讀時有幸見過佛洛斯特。然而，人行道積雪很深，加上寒風凜冽，等我回到家，就職典禮已經結束。我錯過甘迺迪的就職演講和佛洛斯特的朗誦。[5]

艾森豪卸任後，甘迺迪政府取而代之，也找了一批新的經濟學家。詹姆斯・托賓在華盛頓的經濟顧問委員會做了一年，翌年歐肯接替這個位置，這也許代表耶魯大學經濟學者的重要性。然而，差不多在這個時間，謝林離開耶魯去哈佛，這是耶魯很大的損失；從芝加哥來到考爾斯經濟研究基金會的一些明星人物也走了，像是傑拉德．德布魯去加州大學，雅各．馬爾沙克（Jacob Marschak）則去加州大學洛杉磯分校。

不久，麻省理工學院的梭羅也被找去經濟顧問委員會幫忙，該校經濟系因此出現師資短缺的問題，於是一九六二至一九六三年我受邀至該系擔任客座副教授，講授梭羅原本任教的一、兩門課程，包括在秋季學期一門為博士生開的資本理論討論課。那門專題討論課有點難，我看了一下經濟系給我的課程大綱和閱讀書目，常常得讀一些對我而言有點陌生、有時還很困難的資料，梭羅有時還會溜進教室看看。此外，學生都很聰慧、悟性高，如克里斯蒂安．馮魏茨薩克（Christian von Weizsäcker）、麥克．因特里加托（Michael Intriligator）、大衛．列夫哈里（David Levhari）和伊坦．薛辛斯基（Eytan Sheshinski）。不過，這也證明我教得不錯，讓我很有成就感。

然而，我和大多數學術界的同仁一樣，踏入經濟學領域不是為了教書，而是為了獲得做研究、寫書和撰寫論文所需的資源。像我這樣的經濟學家，大多數都希望自己的研究對社會和世界有所貢獻。為了獲得機會，我們也必須作育英才：與有天賦的學生互動、指導他們，或是分享我們的理論和研究。

在麻省理工學院，我看到該校經濟系擁有的大師級人物熠熠生輝，了解到自一九五〇年代初以來，這裡是一塊經濟研究的沃土，不只有超級巨星，如薩繆爾森、梭羅和莫迪利亞尼；還有在自己的研究領域獨領風騷的學者，如經濟史學家查爾斯・金德伯格（Charles Kindleberger）、發展經濟學家易弗西・多馬（Evsey Domar）和財政學家法蘭西斯・巴托爾（Francis Bator）。我很高興有機會能和他們往來，也讓我更了解其他人的研究領域。

最可喜可賀的是，我常見到保羅・薩繆爾森。他家在貝爾蒙特（Belmont），有一次他請我去他家參加雞尾酒會，把我介紹給哈佛的一些人。後來我在哈佛廣場附近的住處請他們吃飯，保羅還為我們唱了歌劇〈費加洛婚禮〉（The Marriage of Figaro）中的一句。保羅博覽群書。有人說，他每晚都會讀一本書，或許這是為了暫時擺脫白天不斷盤旋在腦中的經濟學問題。他興趣廣泛，特別是文化和歷史，這有助於解釋他寫的教科書涵蓋範圍很廣，以及我倆的默契。

我們就經濟學的問題交換意見，儘管交流的次數沒有我希望的那麼多。我們就在教職員餐廳裡的一張桌子上提出很多假設，而且你來我往的互相詰問。我提出看法之後，保羅會提出很多質疑。坐在一旁的法蘭西斯．巴托爾提醒保羅，他是否該放我一馬。保羅說，我挺得住的，然後繼續質問。我很懷念這些腦力激盪的午餐。我們常低估這種思想交流、檢視構想的重要性。

春天，我的教學工作少了很多，我開始進行一個新的研究計畫，也就是探討公共債務。因為分析上的難度和這個議題有很多爭議，一開始我不是很想做這個計畫，後來麥格羅希爾出版公司（McGraw-Hill）請我寫一本關於這個主題的專書，於是我在六月下旬跳進這個坑。

看待公共債務的觀點爭議

看待公共債務的觀點一直以來都有很大的差異。對抱持所謂「簡化凱因斯主義」（crude Keynesianism）的人來說，如果政府在某些情況之下有龐大的赤字支出，公共債務的累積並不是問題；雖然公共債務使公眾必須多付稅金來支付利息，但公眾會因為持有公共債務而獲得額外的利息，所以多付的稅金和額外的利息會互相抵消。正如許多凱因斯主義者所說：「我們欠自己債務。」詹姆斯．托賓就曾親口跟我說過這樣的話。換言之：「我們是自主治理的人民。（在某種程度上）我們是債務人，而整體來看，我們也是債權人。」但這是顯而易見的事實，既不是意指公共債務沒有壞處的理論模型，也不是代表公共債務不會帶來影響的統計模型。

很多持有這種信念的凱因斯主義者，通常反對限制政府開支或增稅，以遏制債務膨脹或阻止債務攀高。近年來，這一派的人嘲笑這樣的政策是西方世界國家的「樽節強迫症」。但這種立場可以說很荒謬，除非政府可以一直舉債籌資，而且不必付出代價，不需要用稅收來償還。但如果真是這樣，那就不用徵稅，只要借錢就好了。

不過，在現實世界，需要提高稅率來支付公共債務利息（也就是說，用來償還債務），因此納稅人在繳稅時不只會有「負擔」，甚至有「超額負擔」（excess burden）＊。一國納稅人可能因此減少工作和儲蓄，以逃避一些負擔，結果迫使政府再提高稅率，就此陷入惡性循環，直到納稅人拒絕這樣下去。稅率提高導致的稅後薪資率及利率雙雙下降，將會使國民所得蒙受損失，最後導致國民財富減少。[6]

不過，其他經濟學家認為，從歷史的軌跡來看，高額公共債務並無大礙，如第二次世界大戰和二〇〇八年全球金融危機，又如二〇二〇年為了因應病毒肆虐的減稅措施，理由是，經通膨調整的實質利率（即總體經濟學中著名的「*r*」）好幾年來都極低，現今的公共債務問題並沒有特別**嚴重**。但是公共債務增加確實會使財富和資本之間出現**差距**，導致資本存量和實質薪資的成長皆低於應有的水準。此外，預期「*r*」在未來的數十年仍會極低，也是錯誤的。

長久以來，另外一些經濟學家認為，公共債務不會帶來嚴重衝擊，因為他們相信，技術進步和人口成長可使國家「擺脫」債務的問題。但是如果一個國家的生產力成長率（即總體經濟學中著名的「*g*」）自一九七〇年代初期以來一直低迷，顯然這樣一個國家在未來的數十年將無法「擺脫」債務。

古典經濟學家則一直為一個更深層次的問題擔憂：如果在政府大規模舉債期間，民眾減少買進消費品，而改為購買政府出售的債券；當這個時期結束時，民眾的財富會**增加**，國家的資本存量則不會增加，或是說至少不會明顯增加。反之，如果民眾為了購買政府出售的債券，減少購買新發行的公司股票，儘管財富不會減少，國家資本卻會**變少**。無論如何，公共債務會使得財富和資本出現差距。

＊譯注：指課稅所造成的社會福利損失（生產者剩餘與消費者剩餘的總損失）大於政府的稅收數量。

這種「差距」帶來的效應，長久以來一直是經濟學的一項課題。新古典經濟學家預測，公共債務的擴大會使財富增加，因而促進消費，擠壓投資。在新古典主義的理論中，這會導致資本累積和生產力成長雙雙放緩。歷史似乎也證實這一點。第二次世界大戰在一九四五年落幕，美國在最後四年累積大量公共債務。隨後，從一九四六年到一九四八年，消費激增，同個時期的投資產出率卻**下降**了。第一次世界大戰為時較短，在一九一八年結束，但接著卻出現一九一八年流感大流行。儘管當時美國並未積極參戰，但在一九二一至一九二三年流感疫情結束後，投資產出率明顯偏低。[7]

一八一七年，創立古典經濟學的大衛．李嘉圖（David Ricardo）認為，我們往往會「受到公共債務的蒙蔽，看不到真實情況」，因此「讓我們不思節儉」。[8]這種觀點認為，公共債務帶來的紙上財富就像一帖藥，得以刺激消費需求，但同時也擠壓投資，因此減緩資本存量和消費品供應的成長。

在一九六〇年代，李嘉圖的想法獲得更進一步的發展。[9]新古典經濟學家莫迪利亞尼建立一個模型，其中公共債務導致財富和資本之間的差距，成為資本累積的阻力：資本的流動路徑向下傾斜，*資本減少，而且趨向一個新的穩定成長狀態。[10]透過這項研究及其他研究，縮小公共債務規模來支持儲蓄，成為新古典主義思想的信條。

但新古典主義理論是否意味沒有公共債務是最好的？沒有公共債務會比有公共債務好嗎？如果繼續保留債務，稅收政策是否可以抵消債務帶來的影響，使債務和稅收相抵，也就是不影響消費和工作，因此對投資和成長也不會產生衝擊？我在《促進經濟成長的財稅中立性》（*Fiscal Neutrality Toward Economic Growth*）中探討這些、甚至更多的問題。這也是我第一本深入鑽研經濟理論和政策的書。[11]

---

*編注：指資本的累積不是持續增加，而是趨向於減少或成長速度放緩。

公共債務的影響可以抵消嗎？

《促進經濟成長的財稅中立性》從一幅最簡單的經濟圖像下手，那是一個標準的總體經濟模型，在這個模型中，一個封閉的經濟體只生產一種商品，理論學家通常以此為出發點；請想想狄福（Daniel Defoe）的《魯賓遜漂流記》（*Robinson Crusoe*）、亞當．斯密的《國富論》，或是凱因斯的《就業、利息和貨幣的一般理論》（*General Theory of Employment, Interest and Money*，簡稱《一般理論》）。

在這種情況下，首先要探討的問題是：在這個經濟體中，政府的債務是否可以把其對勞動力供給和儲蓄供給的財富效應相互抵消？關於這個問題，我們只能回答一部分：

> 透過適當金額的定額稅（lump-sum tax），政府可以提高目前和預期的未來稅收……以抵消債務的影響……由於稅收只對消費需求和勞動力供給的財富（或

> 淨值）效應有影響，因此是有可能抵消的。同樣的稅能抵消債務對消費需求的影響，也能抵消債務對勞動力供給的影響。[12]

但是，定額稅，也就是不管所得高低，對每個人都課徵相同稅額，實際上是不公平的。如果只能選擇課徵**非定額稅**，公共債務的影響依然是可抵消的嗎？答案是否定的。

> 支出稅（expenditure tax）無法同時抵消公共債務對消費需求和勞動力供給的影響……如果抵消債務對消費需求的影響（必須恢復個人財富），債務對勞動力供給（取決於薪資與財富）的影響是無法抵消的。[13]

反之，如果**勞動力供給**方面的影響是可以抵消的，對**消費需求**的影響則是無法抵消的。

在這本書有個比較複雜的論點是，所得稅無法抵消政府債務，因為利率（和消費需求有關）和薪資（和勞動力供給有關）都會受到所得稅率的影響。「如果相同的所得稅率能抵消公共債務對消費需求的影響，也能抵消對勞動力供給的影響，那將是一個意外。因此，**一般而言**，不可能透過所得稅的課徵來抵消政府一開始持有的債務。」[14]

總而言之，在正常情況下，公共債務無論如何會使財富增加、**投資緊縮**，因此減少資本存量，減緩薪資率的上升，並提高實質利率。儘管資本存量減少的量，比不上債務增加的量（莫迪利亞尼的模型不同，但也得到相同的結果）。

常有人說，這個理論只適用於為了公部門服務所衍生的公共債務，從國防到公共衛生的開支皆是。記得一九七〇年代末，我去雅典參加莫迪利亞尼舉辦的一場研討會。在回美國東岸的飛機上，我和其他經濟學家討論過這個問題。我坐在靠走道的座位，托賓和彭蒂．庫里（Pentti Kouri）坐在走道的另一邊。庫里是傑出的芬蘭經濟理論家，專門研究國際總體經濟。我必然說了一些關於公共債務對投資產生排擠效應的話，托賓才說，根據標準總體經濟學的原則，政府投資計畫造成的公共債務，並**不會**影響私部門的資本累積。我思索著：是否赤字開支取代一些儲蓄或投資，導致財富和資本之間出現差距。托賓聽了，拿出鉛筆在推導。但直到降落，我們還沒解決這個問題。

我困在《促進經濟成長的財稅中立性》研究的情境之中：當然，源於政府計畫的公共債務融資，預計將來會向使用者收費來償還，不會阻礙投資。但是，其他公共開支的財政赤字則會影響到投資。[15]

檢驗凱因斯的舉債觀點

哪一種觀點最正確呢？從凱因斯主義的觀點來看，公共債務能提高就業率，降低失業率，勞動參與率也上升了。這樣對嗎？或者，新古典主義的觀點才是正確的：公共債務會使資本存量下降，致使勞動力減少，就業率降低？（還有一種「新凱因斯主義」的觀點認為，政府為了**投資舉債**，可能會影響商業部門的資本存量，使之變多或變少，因此公共債務或許無關緊要。）

公共債務影響的統計，最早大概是出現在一九八〇年代。到了一九九〇年代，我和幾位研究人員在《結構性衰退》（*Structural Slumps*）一書進行更廣泛的研究[16]。我們針對十八個國家進行研究，發現「全球公共債務」的增加，導致失業率上升。另一個發現是，全球公共債務的增加，推升全球實質利率，造成失業率上升。至於全球公共債務對全球資本存量的影響則沒有進一步研究。

二〇一八年，我開始研究後凱因斯主義的一個核心原則：在我研究的十幾個國家中，二〇〇八至二〇一〇年經濟衰退之後對財政刺激下猛藥的國家，在二〇一一至二〇一七年間是否也是復甦最快的國家？[17]結果，答案是否定的。財政刺激顯然沒有多大的作用。我們可以從這些結果推測，投資對財政刺激的反應和一般開支不同。

目前，我和吉爾維·佐加（Gylfi Zoega）、雲天德（Hian Teck Hoon）研究一九六〇至二〇一九年隸屬七大工業國組織（G7）的國家，發現一國的就業率，也就是$1-u$（u是失業率），會因公共債務而**下降**。在估計方程式的理論模型中，公共債務會推升實質利率，縮減投資活動，從而使薪資和就業率下降到較低的水準。我們還發現，政府借貸對投資放款及為了要在將來消費的儲蓄，都有負面影響。

基於這些後來的發現，我們應該很清楚，想要利用赤字開支來「刺激」經濟的國家，復甦的步調不會比其他國家快。的確，利用減稅來鼓勵消費支出已經是常識。然而，經過一段時間之後，稅率降低，加上年度支出的增加，會使得財政赤字變得更高（儘管有一些私部門的力量會減少赤字）。因此，公共債務會超過其趨勢成長路徑，同時可怕的財政赤字一直居高不下。

就總體經濟研究而言，在目前的研究階段似乎可以推斷，公共債務相當龐大的時候，就會是一股重要力量，將資本和薪資率拉到較低的成長路徑。因此如果公共債務水準已經相當高的時候，最好不要指望用赤字開支來刺激消費或投資。

這並非意味後凱因斯主義經濟學將被掃進灰燼。但我認為可以這麼說：後凱因斯主義理論只是一種觀點，只有綜合從新古典主義到更現代的總體經濟觀點，才值得參考。

儘管《促進經濟成長的財稅中立性》不是廣大讀者會感興趣的書，但這本書讓我信心大增。我想，我或許可以更加投入在模型的建立和統計測試。在為這本書的分析建立理論架構，以及為了分析目的建立更多理論架構時，我運用了一點創造力，對於我未來建構理論所擁有的創造力來說，這點創造力對於未來數十年我的思考（或想像）非常重要。

經濟成長的黃金法則

我在考爾斯工作的最後幾年（即一九六三年到一九六五年秋天）發生甘迺迪總統遇刺事件，這是一個悲劇性的開始。我們這些在考爾斯經濟研究基金會工作的人，跑到一旁的停車場，打開汽車收音機聆聽這個令人心碎的消息。托賓、比爾．布蘭納德（Bill Brainard）、斯里尼瓦桑（T. N. Srinivasan）等人都在那裡，等候更進一步的消息。我們都驚愕不已，不發一語。我們永遠忘不了CBS主播華特・克朗凱（Walter Cronkite）在節目中插播這則最新消息：「甘迺迪總統在下午兩點不幸身亡。」我們覺得，帶領這個國家走向新方向的一盞燈熄了。我心中浮現佛洛斯特的詩：「黎明轉瞬成白晝，黃金事物難久留。」

當然，甘迺迪之死對托賓及其他在考爾斯的人是一大打擊，因為他們也都在政府工作或擔任顧問。他們似乎和一九六〇年代的詹森政府不同調，也和一九七〇年代的卡特政府格格不入。歐肯後來搬到華盛頓，加入著名智庫布魯金斯學會（Brookings Institution）；布蘭納德則負責主辦每半年舉行一次的會議，《布魯金斯經濟活動報告》（*Brookings Papers on Economic Activity*）也在會中發表；托賓常常出席這些會議，但考爾斯經濟研究基金會在聯邦政府內部已經變得無足輕重。

然而，對耶魯經濟系來說，不再與政府密切往來，因此少了很多興奮和刺激，並不是最嚴重的問題。我跑去麻省理工學院授課一年後，開始用不同的角度來看待耶魯經濟系。數理經濟學翹楚德布魯已經離開。雖然在經濟成長研究中心（Economic Growth Center）研究低度開發地區的學者提出一些重要想法，發表很多研究報告，像是從匈牙利逃出來的貝拉・巴拉薩（Bela Balassa）出版《整合理論》（*The Theory of Integration*）[18]；來自納粹德國的古斯塔夫・雷尼斯（Gustav Ranis）也出版《剩餘勞動經濟的發展》（*Development of the Labor Surplus Economy*）[19]。他們都是我的朋友。但是到了一九六〇年代中期，考爾斯經濟研究基金會的理論研究已經明顯減少（雖然大衛・卡斯〔David Cass〕把拉姆齊的最佳國民儲蓄模型做更進一步的應用；提亞林・庫普門斯則發現拉姆齊模型的理論概念有艱深難解之處）。

在考爾斯工作的最後三個學期，我寫了另一本小書《經濟成長的黃金法則》（*Golden Rules of Economic Growth*）[20]。在這本書中，幾乎每一個模型都把原有模型的一些核心力量，如梭羅—史旺成長模型（Solow-Swan growth model）中的儲蓄所得比（saving-income ratio），替換成代表那股力量最佳數值的一個變數。我先前發表的論文〈資本累積的黃金法則〉也是如此。就我看來，最有趣也最特別的例子是將同質性勞動力分配到研究領域（而非生產領域）的最佳比例那篇。我發現這是個固定數值，而且很容易記。有一天，我看到保羅・薩繆爾森走進電梯，正要離開。我喊他：「我那篇論文，你看了嗎？」他大聲回答：「我看到二分之一那個數字了。」他指的是我的其中一個研究結果。*

耶魯研究工作的限制

這時，考爾斯經濟研究基金會也沒產出很多具影響力的實證研究。托賓找來梭羅、馮魏茨薩克、梅納漢・亞瑞（Menahem Yaari）和我，組成一個研究團隊，稱為美國經濟成長未來研究小組（Future of U.S. Economic Growth）。但由於產量很少，不久我們就解散了。問題在於，我們這個小組不知道最先進經濟體的成長來源為何。對像我這樣的年輕經濟理論家而

*譯注：如果研究領域的勞動力具有同質性，而且不計資本，在黃金法則的路徑上正好有一半的勞動力被分配到研究領域。見Edmund Phelps, Golden Rules of Economic Growth（New York: Norton 1966）, p. 175。

言，這不是可以激發創造力的環境。

然而，最大的問題在其他地方。自一九五〇年代以來，耶魯經濟系已經發展成一個百家爭鳴的地方。但在考爾斯已有既定的經濟理論基礎，只要偏離這個思想體系，就會被視為離經叛道。我們的主要任務是鞏固凱因斯理論，或是找到這個理論更深層的影響，而不是創造更多新理論。我在探討公共債務那本書提到，債務與造成的赤字會使經濟成長減緩。這和托賓的觀點不同，結果這本書在考爾斯無人聞問。考爾斯不歡迎我們提出新思維，更不鼓勵我們這麼做。

不願服從權威的不只是我一人。多年後，另一個年輕同事的遭遇更慘。一九七八至一九七九年，曾在考爾斯經濟研究基金會工作的彭蒂・庫里搬到紐約，與喬治・索羅斯（George Soros）一起研究金融問題。有一天，他來看我和羅曼・弗萊德曼（Roman Frydman）。談到考爾斯時，他突然臉色變得很難看，沉痛的說，他在考爾斯工作時，「創造力」被破壞殆盡。在此之前和之後，我從來沒見過他這麼痛苦。托賓授課一樣心胸狹窄，我教過的一個學生告訴我，耶魯經濟所有幾個研究生因為失業和通膨理論的突破性發展被排除在外，義憤填膺，考慮要對校方提起集體訴訟。

顯然，托賓發現身邊的人跟他看法都不相同，令他非常痛苦。他不知道該如何因應這個問題。結果，他與我們日益疏遠。當然，我覺得很遺憾。在我走自己的路之前，他對我很慷慨。我在研究所的第二年，他特別幫我一個人上總體經濟學。即使我們後來變得疏遠，他還是對我很好。他告訴我，我能在一九八二年榮膺國家科學院院士（當時我才四十九歲），他「幫了點小忙」。聽說，一九八六年左右，他在美國經濟學年會一場探討經濟學教科書的會議上，大力推薦我寫的教科書《政治經濟學》（*Political Economy*）[21]，說這是自偉大的歐文．費雪（Irving Fisher）以來最好的政治經濟學導論，沒想到他會給我這麼高的評價。二〇〇〇年，我們一起出席耶魯大學的活動，那是我們最後一次見面。他對我妻子說：「當年，我看錯聶德（我的小名）。」

一九六五年初，耶魯給我的聘雇合約即將在這個學年到期。這時出現另一個問題。在過去幾年，有幾位助理教授獲得終身職，發表在重要期刊上的文章卻沒幾篇。因此，我相信我應該能拿到終身職，畢竟我發表過不少文章，更出版一本專著。然而，在我任教的第五年，經濟系通知我，我無法取得終身職。我的同事貝拉．巴拉薩也一樣無法留下來。不管原因為何，他也離開耶魯。

令人忿忿不平的是，我和貝拉在學術期刊上很頻繁的發表論文，也獲得國際讚譽；反之，那些獲得終身職的人幾乎沒發表什麼論文。不過，對我們來說，這不是世界末日，因為我們必然可以在其他地方取得好職位，只是最好的職位不多。我很幸運獲得賓州大學的聘書，從一九六六年秋天開始在該校擔任專任教授。貝拉則在約翰．霍普金斯大學任教，幾年後死於癌症。

的確，當時的耶魯校長阿爾弗雷德．葛里斯沃德（Alfred Griswold）告訴系主任，經濟系的終身職教授夠多了。然而，系上資深教授想把位置留給自己人也是不爭的事實。我很討厭這種自私自利的做法。他們根本不為優秀的年輕學者設想。我從古斯塔夫．雷尼斯那裡得知，我恐怕沒有希望取得終身職，而且葛里斯沃德校長也放話了。威利．費納（Willie Fellner）說：「我們來抗爭吧。」但沒有人跟他一起行動。我知道，經濟系（和考爾斯）的重要決定大抵還是托賓說了算。我甚至聽說，托賓身邊有個小鈴鐺，必要時就搖鈴，中止討論。

但最重要的是，在一九六五年，我發覺在考爾斯經濟研究基金會的工作跟我真正想做的事不同。我上研究所，之後進入研究中心，主要是要試著把教科書中的總體經濟學（也就是凱因斯創造的理論），與教科書裡的個體經濟體（亦即從卡爾．門格爾〔Carl Menger〕、萊昂．瓦爾拉斯〔Léon Walras〕、阿爾弗雷德．馬歇爾〔Alfred Marshall〕到法蘭克．拉姆齊、亞瑟．皮古〔Arthur Pigou〕、德布魯的新古典理論）連結起來，這才是我投身研究的初衷。

於是，我結束在耶魯的工作。一月離開紐海文，在倫敦和劍橋待了半年，直到夏末才回美國，準備在賓州大學任教，不再繼續做著定期建立模型與應用研究的工作。我覺得海闊天空，打算創造新理論。

第二章

新方向

不確定性與預期

我在一九六六年一月初抵達倫敦，準備在倫敦政經學院（London School of Economics and Political Science）和劍橋大學待七個月，再回美國賓州的華頓商學院任教。那時候，我覺得該好好研究那時標準總體經濟理論中缺乏的要素。當然不是把那些理論扔掉。我最在意的那些遺漏要素，不只出現在標準個體經濟學，也出現在總體經濟學。

我在倫敦政經學院圖書館的Q室苦讀。通常我是第一個到，也是最後一個離開，但我很難把自己完全關在圖書館。我有幸在一九六〇年代的英國劇院觀看英國劇作家和劇場導演哈洛德．品特（Harold Pinter）的舞台劇。我已經在紐約看過他早期的作品《微痛》（*A Slight Ache*），劇中的愛德華了解他從書中看到的內容無法反映現代世界。我很幸運，可以在倫敦看到《回家》（*The Homecoming*）首演；劇中的人也因自己被蒙在鼓裡而感到困惑。在《回家》裡，泰迪是一位在美國任教的英國哲學教授。他的弟弟萊尼問他，如何才能活下去，這位哲學教授回答：「這不是我的研究領域。」任何學者看了這一幕，應該都會心有戚戚焉（一九六九年披頭士唱的〈太陽出來了〉〔Here Comes the Sun〕則預告：最壞的將會過去，光明和希望則會重現）。

這時，我們都不禁感覺到一股除舊布新的力量正在醞釀。有些經濟學家覺得經濟理論的某些部分已經和現代國家的經濟生活脫節。幾年前我與新學院（New School）和聖塔菲研究所（Santa Fe Institute）備受尊崇的經濟學家鄧肯・佛利（Duncan Foley）共進午餐，他回想起我們早期的一些研究，感嘆說，自一九三〇年代以來，一九六〇年代可說是經濟理論最有創造力的十年。總體經濟理論正是在一九六六年踏出新的步伐。能在那個時空站在研究的最前線，「親身參與創建過程」，我真是與有榮焉。

經濟理論會從根本出現巨大的變化，主要是因為法蘭克・奈特（Frank Knight）出版的《風險、不確定性與利潤》（*Risk, Uncertainty and Profit*）一書[1]。他在這本書提出的「不確定性」，也就是所謂的「奈特不確定性」（Knightian uncertainty）＊，在市場經濟中的投資人

＊編注：指由於缺乏歷史資料或了解，因而無法被量化或測量的風險。

（和存款人）特別會碰到。[2]因此，投資規模與當前資本存量的市場價值，並不是完全由新古典理論的要素（例如：儲蓄、實質利率、薪資率、財富和資本存量）所決定。即使是有前瞻眼光的經濟體也是一樣。高度的不確定性，以及由此產生的直覺和猜測，對經濟體裡所有的價格和數量都有強大而多變的影響力。

這和努特．維克塞爾（Knut Wicksell）、歐文．費雪、約瑟夫．熊彼得、亞瑟．皮古和法蘭克．拉姆齊二十世紀初建立的新古典主義模型有很大的差異，也與哈利．馬可維茲（Harry Markowitz）在一九五二年提出的投資組合選擇的隨機模型，以及我在一九六二年發表的〈風險性資本的累積〉不同。[3]顯然，奈特的不確定性（不是具有已知機率的風險，而是真正的不確定性）的風險較高，會導致誤導性投資，使很多公司的投資需求出現太多或太少的問題，而且銀行放款也會出現太少或太多的問題。

然而，光是從奈特提出的理論來看，看不出這種不確定性在過去兩個世紀促使現代經濟大起大落的力量，並無法解釋一八七三至一八七九年美國的長期蕭條（Long Depression）、一八八二至一八九三年經濟衰退、一九二〇年代的繁榮、一九二九至一九四一年的大蕭條和二〇〇八年的全球金融危機，其中必然少了一個環節。

凱因斯與海耶克首先把這樣的見解應用到一九三〇年代美國、英國及歐陸等陷入困境的經濟體。但他們意見相左，在學術期刊引發前所未見的火花。海耶克在《價格與生產》（*Prices and Production*）一書中論述，大蕭條其實是過度投資的結果。[4]當很多投資證明無利可圖，導致資本存量「超前」，投資就會削減到正常、均衡的數量，直到多餘的資本因老化或使用之後而被清除。顯然，投資的增加和下滑可能會產生一些動盪，也就是整體投資行為和就業的短期波動，但這足以解釋一九二〇年代、一九三〇年代和二〇〇〇年代的經濟大震盪嗎？

凱因斯在《就業、利息和貨幣的一般理論》中，從**貨幣**的觀點來解釋大蕭條。[5]他考慮一個情境，在一個經濟體中，人們用貨幣存量來購買由人們受雇所生產的商品：如果人們決定在一段時間內減少購買，貨幣需求會上升，商品需求（亦即「總合需求」）會下降；如此一來，最初的影響是迫使生產和就業被廣泛削減。[6]然而，如果貨幣薪資下降到適當的數字，使商品價格下滑，貨幣供給的實際價值提高，進而恢復總合需求、產出與就業的均衡，經濟就會開始復甦。

然而，正如凱因斯觀察到的，投資需求的減少（如凱因斯所言的「動物本能」〔animal spirits〕消失所造成的結果），其實並**沒有**引發貨幣薪資率下降到足以把就業拉回到正常的水準，更不用說阻止本來會發生的產出和就業減少。正如勞動經濟學家所言，薪資率具有相當的「僵固性」（stickiness），這就是凱因斯的大蕭條理論（**如果**沒有這種僵固性，貨幣薪資就會立即下降，那會引發其他問題。因此，凱因斯對自己的理論很滿意）。然而，一直要到約翰．希克斯在一九三七年發表的〈凱因斯先生與古典學派〉（Mr. Keynes and the 'Classics'）這篇論文，以一種類似供需圖的「投資與儲蓄—流動性與貨幣」（IS－LM）圖來解說*，這種觀點才被廣泛理解。[7]

不知怎的，這個理論的地位變得很神聖。為了盡可能簡化，凱因斯說薪資率是「僵固的」，也就是說平均薪資的變動極其緩慢，然後就這麼算了。他說明就業的一般理論時，並沒有提出企業設定薪資的理論。我認為，我該思考薪資率確定性的問題。這將是我第一次嘗試把總體經濟學建立在個體經濟學之上。

將薪資預期引進失業理論

我在倫敦埋頭苦讀時，心裡想的都是這些事。我每天在倫敦政經學院做研究，那時倫敦政經學院經濟系在系主任萊昂・羅賓斯（Lionel Robbins）的領導下，聲望如日中天，特別是羅賓斯在一九三一年招募到奧地利學者海耶克，納入經濟學的新聲音，以抗衡凱因斯在劍橋日益高漲的影響力（我見過羅賓斯。他是很特別的人，讓人印象深刻。有一次，阿默斯特美

*譯注：IS－LM模型是反映產品市場和貨幣市場同時均衡的條件下，國民所得水準和利率之間的關係。請見第五章。

林經濟研究中心年會結束後，我開車送他和弗里茨・馬赫盧普〔Fritz Machlup〕去普林斯頓，在車上聽他們互動。這兩人妙語如珠，從英國政治談到華格納的歌劇《指環》系列作品）。一九六〇年代，倫敦政經學院經濟系的風雲人物包括理查・萊亞德（Richard Layard）、哈瑞・約翰遜、理查・利普西（Richard Lipsey），以及最值得一提的威廉・菲利浦（A. W. Philips），這位經濟統計學家因「菲利浦曲線」（Phillips Curve）聲名大噪。[8]我窩在圖書館Q室時，很少見到人，但我會和經濟系的老師一起喝咖啡，如哈瑞・約翰遜和馬克斯・史圖爾（Max Steuer），這兩位後來都成為我的好友，我可以跟他們聊一下我的研究。

與其他美國來的訪問學者聊天，也是一大樂事。例如，我常跟狄克・凱維斯（Dick Caves）及羅恩・瓊斯（Ron Jones）聊經濟學以外的東西，像是約翰・休斯頓（John Huston）執導的電影《馬爾他之鷹》（*Maltese Falcon*），或是勞倫斯・奧立佛（Laurence Olivier）演出的《哈姆雷特》。

在Q室，我得到一個具有開創性的想法。比方說，公司通常都是每年設定薪資，而非每季或每月，一般公司遭受投資需求減少的打擊時，如果預期其他公司（在同一個城市或城鎮的競爭對手）不會削減薪資，那它就**不會**大幅削減加薪幅度，更別提減少薪資。因此，在經濟體之中，薪資變化率的預期對薪資率的實際變化率來說非常重要。如果預期調整得很慢，薪資率往往也會慢慢調整。因此，因總合需求不振帶來的貨幣薪資調整通常也會很慢；如果這種需求不振不是嚴重的問題，薪資可能根本就不會調整。在我看來，這就是凱因斯大蕭條理論缺少的環節，而「薪資僵固性」或如菲利浦曲線那樣的統計估計並沒有提供這樣的考量。關於就業的一般理論需要一套薪資行為理論，因為薪資會影響到就業（反之，凱因斯則認為他需要一個消費理論，因此提出「消費函數」的假設*）。

我設想的薪資行為與菲利浦表述的完全不同。前者是基於個體經濟，源於個別公司做決

*譯注：凱因斯消費函數的最重要結果是消費和所得的互動關係。如果邊際消費傾向（MPC）的數值介於0與1之間，政府支出會引發乘數作用，引發一連串的消費活動，結果使所得上升的程度比政府支出的成長還多。

策的概念；菲利浦曲線則**不是**基於個體經濟，它本質上是一個機械性假設的統計估計，因此，我的設想被稱為「個體—總體」（micro-macro）。此外，我設想的薪資行為源於以下的認知：在任何**現代經濟體**中，每一個薪資設定者在做決策時，對其他薪資設定者的決定幾乎一無所知。他們都在一種（奈特）不確定性下做決策。

為了進一步探究這種預期的涵義，我在倫敦政經學院探索、建構一個理論經濟模型，這個模型是基於價格預期與這種性質的行為，藉此分析財政刺激。這個模型假定：通膨率取決於失業率和**預期**通膨率（我覺得，預期通膨率會比預期貨幣薪資的變化更方便研究）。這個模型的其他三個要素是：一、一種「把預期通膨率調整至實際通膨率的機制」；二、從消費的時間路徑獲得的「效用」；以及三、目前的「效用率」與生產能力「利用率」之間的關係。

這個模型預測以下幾點：緊縮的財政政策導致勞動力利用率不足，使實際通膨率**低於**目前的預期通膨率，而且寬鬆的財政政策造成勞動力過度利用，使得實際通膨率**高於**預期通膨率。這個模型包含我稱的「保證失業率」或「均衡失業率」，也就是後來所謂的「自然失業率」*。

我的主要目標是建立一個常態模型。總體政策不只是管理產出和就業的波動，也要管理通膨。因此，這個任務是要確定「經濟的最佳路徑在就業或產能利用方面的特性」，**以及**考量到最初預期通膨率，在這條最佳路徑下通膨率的相應變化路徑。簡而言之，我需要確定什麼是「效用」最大化的規則。從這個角度來看，主張採取過度使用勞動力的高壓政策（將失業率壓低到應有水準以下）是短期主義者的做法，因為偏好今日的高利用率，代表未來必須為高通膨付出代價，[9]這顯示高度的「時間偏好」（這可能會讓讀者想起二〇一〇年代因財政緊縮飽受批評的政府。當然，在新冠疫情爆發後的非計畫性赤字是無可避免的，而且計畫性赤字也是很合理的）。

*譯注：自然失業率指充分就業下的失業率。這是一個長期均衡的狀態，薪資及物價處於均衡，通膨率是固定的。如果失業率低於自然失業率，廠商為了請更多勞工，而把薪資提高，使產品價格上升，就會形成通膨。

有了這個粗略的模型及分析，我已經脫離新古典的完美決策理論，這個理論根據的假設是擁有充分的訊息與完整知識；另外，我也擺脫另一個基於薪資行為的模型。相較於統計方法，這類型的動態模型在方法論上是一種進步，這樣的動態模型仰賴一個變數與另一個變數之間的關係，只要這種關係是合理的，而且滿足統計顯著性的條件。當然，這是一個高度抽象的模型，把任何經濟決策建立在這種模型的理論探索之上，實在是很天真。

通膨和失業的動態影響

我在五月一日離開倫敦，接著在歐陸度假，走訪布達佩斯、維也納，參加薩爾茲堡音樂節，最後轉往劍橋。

到了劍橋和牛津，我發現一九三〇年代革命時期的幾位健將還在那裡。我在牛津遇見約翰．希克斯和羅伊．哈洛德；在劍橋，我見到詹姆士．米德（James Meade）和劍橋圈子靈魂人物瓊恩・羅賓遜（Joan Robinson）。

羅賓遜教授是令人敬畏的前輩。一天下午，我懷著戒慎恐懼的心情跟她一起喝茶。她省下客套話，直接闡述她最近的想法。我聽得一頭霧水，於是問了個問題，但我也聽不懂她的解說。於是，我又提出一個問題，但她放棄了。「如果你真的想懂。」她說：「你就會懂的。」

春末，我在劍橋演講，講述我在預期方面的新研究。大多數的明星學者都來了，如法蘭克・哈恩（Frank Hahn）、詹姆斯・莫理斯（James Mirrlees）、帕薩・達斯古普塔（Partha Dasgupta）和詹姆士・米德。儘管與會者沒有一位是總體經濟學方面的專家，我還是覺得演講結束後的討論進行得頗為順利。但米德抱怨說，我講的東西讓他頭痛！我安慰自己，新理論需要一點時間才能被人了解，我得想想如何論述得更好。

待在劍橋的那三個月，我企圖建立第二個和預期有關的模型。這是一個使用貨幣的經濟模型，因此包括貨幣價格、貨幣薪資，以及對名目薪資（也就是凱因斯所說的「貨幣薪資」）預期變化率的預期。秋天，我進一步研究這個模型，寫成論文初稿，並在之後的學術研討會提出報告。

對我而言，這是個重要的研究階段，劍橋不但給我一個家，我也跟帕薩．達斯古普塔和詹姆斯．莫理斯開始建立長久的友誼。即使是上次在會議批評我的法蘭克．哈恩，也說我正在「振翅高飛」。這群劍橋經濟學家的才華，以及對別人意見抱持開放的心態，都教我佩服。

一九六七年八月，我來到賓州大學。在這裡教書、做研究，一直讓我有一種解放的感覺。在日後的幾十年，我的理論研究，以及來這裡參加歷史性的會議，都是我職業生涯的高峰。

在紐海文待了那麼多年之後，費城的新生活教我雀躍不已。我住在里滕豪斯廣場（Rittenhouse Square）一棟公寓頂樓。那裡離賓大音樂學院不遠，採光良好。然而，要走很長的一段路，經過費城藝術博物館（Philadelphia Museum of Art），才會到達賓州大學與華頓商學院；經濟系就在那裡，也隸屬於華頓商學院。

我常在忙了一天之後走路回家。那裡離美術館很近，老音樂聖殿（Temple of Music）也在不遠之處。我在那裡觀賞男高音強．維克斯（Jon Vickers）與女高音布麗姬特．尼爾森

（Birgit Nilsson）表演的歌劇《崔斯坦與伊索德》（*Tristan und Isolde*）。在一哩外一個空曠的大廳，我聽到男高音法蘭克．柯瑞里（Franco Corelli）和布麗姬特．尼爾森演出普契尼的歌劇《杜蘭朵》（*Turandot*）。柯瑞里的歌聲蕩氣迴腸，有好幾天一直盤旋在我的腦海之中（盧奇亞諾．帕華洛帝〔Luciano Pavarotti〕最後一次接受電視採訪時曾說，柯瑞里是「有史以來最偉大的歌劇男高音」）。

然而，我的活動範圍並不局限於費城。雖然沒有很多人注意到我已經脫離標準總體經濟學，但顯然我已經變成總體經濟學專家。十一月，我在麻省理工學院認識的朋友艾德溫．庫（Edwin Kuh）打電話給我，邀請我加入一個由幾個經濟學家組成的小組。他也是小組成員，這個小組不時會在波士頓開會，就各種議題向有意爭取民主黨總統候選人提名的聯邦參議員羅伯特．甘迺迪（Robert Kennedy）提交報告。在這個小組中，還有代表耶魯的詹姆斯．托賓、來自哈佛的馬帝．費爾德斯坦（Marty Feldstein）、布魯金斯學會的亞瑟．歐肯和其他一、兩個人。托賓講述財政和貨幣政策，我記得我講的是薪資和失業。這是我第一次與有影響力的政府人物面對面接觸。

因此，我對羅伯特．甘迺迪略有了解。那些年，我抽雪茄，他偶爾會向我要一支。他在一九六八年六月遇刺身亡時，舉國震驚，我也非常哀痛，不知未來會如何。我站在鐵軌旁，看著從華盛頓特區到紐約的火車載著他的靈柩前行。我在電視上觀看在聖派翠克教堂（St. Patrick's Cathedral）舉行的葬禮。當安迪．威廉斯（Andy Williams）從座位上站起來，清唱〈共和國戰歌〉（Battle Hymn of the Republic）時，他的歌聲教我感動不已。

幾乎整整一年之後，我接到阿諾德．哈伯格（Arnold Harberger）的電話，他邀請我參加一個專案小組，為總統當選人理查．尼克森提供建議，看怎樣才能好好處理日益嚴重的通膨問題。當時，通膨正引發各界的關注與討論。當年我寫公共債務那本書，哈伯格幫了很大的忙，因此我不想貿然拒絕他。我告訴他，我是民主黨人，不是像尼克森那樣的共和黨人；但哈伯格說，黨派並不重要。因此，我加入這個專案小組，一個週末在紐約參加一場漫長的工作會議。讓我惱火的是，哈伯格提交的報告並沒有反映我在會議中表達的觀點。

幾個禮拜後，尼克森在皮耶飯店（Hotel Pierre）舉行一場餐會，宴請二十個專業小組，以表示他的感謝。我跟大家一起排隊見尼克森。尼克森看到我，伸出手跟我握手，問說我屬於哪個專業小組。我說，處理通膨問題的那個。尼克森說：「我真想把通膨壓下去，同時不造成更多失業的問題，但亞瑟·伯恩斯（Arthur Burns）說這是不可能的。」由於在我後面還有很多人排隊，我想我無法跟尼克森好好解釋我的想法。

我和尼克森都沒預料到，在一九七〇年代末，擔任聯準會主席的保羅·沃克（Paul Volcker）制伏「通膨這條猛龍」，附帶損害也比一般人擔心更短暫。然而，有好幾個月，人們擔心沃克的緊縮貨幣政策在壓抑通膨，甚至在成功壓抑通膨之前，就會使失業率急遽攀升。在這種焦慮的高峰期，我參加布魯金斯學會舉行的經濟機會小組討論會（Brookings Panel on Economic Opportunity），沃克也出席這場會議。我站起來發言，說我們需要消弭大家對高通膨的**預期**。沃克聽我這麼一說，不禁莞爾（在他生命的最後二十年，我們一直是好朋友）。

個體基礎的薪資、就業和通膨理論

儘管與政府官員的這種交流也許很重要，不過我已經決定在大學做研究，而不是在公部門工作。因此我在賓州大學繼續投入先前發展的一種新的總體經濟理論，在這個理論中，決策者在做決定之時，無法掌握其他地方發生的完整訊息，對經濟的運作也不夠了解。我重拾在劍橋那個夏天建立的理論模型，在這個模型中，一般公司參考其他地方的名目薪資及其他公司名目薪資的預期變化率，以設定自己的貨幣薪資。因此，一般來說，這個經濟模型不在均衡路徑上，也就是不在結果符合預期的路徑上，而是在與預期不符的條件下進行調整；換言之，是在**失衡**的狀態下運作。

我從這個研究發展出一個貨幣經濟的理論模型。這個模型不同於凱因斯在《一般理論》中的假設，他認為貨幣薪資水準實際上是固定的；也與菲利浦的假設不同，菲利浦的假設是，貨幣薪資的升降會隨著失業人口的數量起伏（根據經濟狀況處於菲利浦曲線上的位置）。當然，這個模型可用一組方程式來表達，其中一個方程式描述薪資變化率的決定因素。這個模型也可以用圖來描述，就像希克斯用一張圖來說明凱因斯的理論，菲利浦用一張圖來闡述他的曲線。然而，如果我要用一組方程式，來描述在均衡與不均衡狀態下我的貨幣薪資、就業和通膨理論，這組方程式是從一個以**個體經濟**為基礎的理論推導出來的。遺憾的是，包含菲利浦曲線的關係（與其他關係）的薪資變化率方程式被稱為「擴大的菲利浦曲線」（augmented Phillips Curve），儘管菲利浦曲線呈現的關係不比其他關係更重要，而且菲利浦曲線也沒有任何理論基礎。他的假設也許有得到一些統計數據的支持，但我建立的模型有更明確的理論基礎。

對這個模型，我有三點評論。首先，在勞動市場決策的環境中，勞動者和公司不一定一直都知道對方在做什麼。他們的見面是隨機的，取決於失業者的人數、求職和職位的空缺數量。經濟中的聘雇率和離職率，也取決於目前的失業率和目前的職缺率。

第二，就個別公司而言，離職率將與薪資相對於其他公司的平均水準呈負相關；而聘雇率則與同樣的相對薪資呈正相關。因此，一家公司的聘雇率，與離職率、薪資水準的相對大小及失業率呈正相關，與總職缺率呈負相關。一家公司會根據自己對其他公司的薪資預期及自己公司的職位空缺情況來設定薪資，薪資水準會與職位空缺數量及總職缺率呈正相關，與失業率呈負相關。在這種經濟體中，價格和數量都不是由「供給和需求」決定。這時，市場的特點是失業者和職位空缺同時存在，亦即有人找不到工作，而且有工作找不到人，這是資訊不足、「不完全」造成的問題。

第三，構成模型的方程系統可簡化為兩個方程式：一是得出平均貨幣薪資的變化率，另一個則是得出就業的變化率。於是，我們就可以利用標準方法來分析這兩個變數的變動情況。

在我看來，這個模型的建立與分析，無論如何都會導出**兩個**主要命題。一個與了解失業有關，另一則與通膨有關。

首先，如果一個經濟體在失業率處於正常水準，而且通膨按照預期水準發展，出現需求下降的問題，就業就會逐漸減少，因為市場無法迅速降低薪資和價格，藉此避免產出下降，進而導致就業減少，最後無法避免會導致失業率上升（同樣的，凱因斯只是假設「貨幣薪資」是「具有僵固性的」，沒有提出一個思考的方向，更別提用任何量化的方式來預測薪資減少的幅度）。如果把這樣的理論建構當成計量經濟估計的基礎，比起菲利浦曲線，應該能提供更好的預測和解釋基礎。至少，這樣的計量估計更能納入預期價格比率和薪資膨脹率。

其次，這個模型假設失業率（或失業率的變動）跟「薪資上漲率與預期薪資上漲率的**差距**」（原則上，也可能是「價格上漲率與預期價格上漲率的差距」）有關。這意味預期與實際通貨膨脹率的同等上升（或同等下降）對失業的影響是「中立性」的。由此導出「通膨修正的菲利浦曲線」的概念（這種中立性的觀點可追溯到阿巴．勒納〔Abba Lerner〕和威廉．費爾納，也是米爾頓．傅利曼宣揚的觀點，有好幾年都是被廣泛討論的主題）。

我有一種感覺：經濟理論繼續這樣發展下去，將會對經濟學家思考薪資上漲，乃至於價格上漲和就業波動產生長遠的影響。不管我那篇強調資訊不完全的論文是否獲得肯定，總體經濟學的主體將不再相同。幾十年後，我才發現，這篇論文似乎一直都有貢獻。彼得．豪伊特（Peter Howitt）在二〇〇七年發表在《斯堪地那維亞經濟學期刊》（*Scandinavia Journal of Economics*）的一篇文章寫道：

> 艾德蒙・費爾普斯將資訊不完全和溝通成本的概念引進總體經濟理論，並推導這對通膨和失業動態的影響，改變我們對總體經濟理論和政策的思考方式。費爾普斯把總體經濟學視為一門社會科學，研究對象不只是人們所做的選擇，還包括人們在群體中的交互作用。他做出開創性的努力，發展一個以管理個體間互動的協調機制的正式理論，這為一種新型總體經濟學開路。這種經濟學是基於個體行為者採取的行動和預期之間的交互作用，而不是基於總體經濟總指標之間的假設關係。[10]

他的評論讓我有遇到知音的喜悅。他看出我的新研究是圍繞個體展開的，也就是圍繞著有自己預期和信念的人。

我寫的這篇〈貨幣薪資動態理論及其對菲利普曲線的影響〉（A Theory of Money Wage Dynamics and Its Implications for the Phillips Curve）初稿包括歷史介紹和理論闡述，發表在一九六八年二月賓夕法尼亞工作論文系列（Pennsylvania Discussion Paper Series）。大約在那個時候，芝加哥大學暨倫敦政經學院教授哈瑞．約翰遜邀請我春末參加在長島蒙托克（Montauk）舉行的第五屆大學教授總體經濟理論與貿易理論會議，以薪資和失業動態為題發表報告。哈瑞也是《政治經濟學期刊》（*Journal of Political Economy*）和《經濟學刊》（*Economica*）的編輯。

很多大名鼎鼎經濟學家都參加這場會議，如米爾頓．傅利曼、羅賓斯爵士、托賓、沃里克和馬丁．貝利（Martin J. Bailey）。在這場研討會中，我的與談人是阿克塞爾．萊瓊霍夫德（Axel Leijonhufvud），他不久前才寫完《凱因斯經濟學與凱因斯主義經濟學》（*The Economics of Keynes and Keynesian Economics*），這本書可說是當時討論凱因斯理論最好的一本書。[11]

不能說與會者熱情擁抱我提出的新理論，不過他們當時也沒站在敵對的立場，只是需要一點時間消化。《政治經濟學期刊》很快就收錄我在會議發表的這篇論文和我寫的另一篇論文〈貨幣／薪資動態與勞動力市場的均衡〉（Money-Wage Dynamics and Labor-Market Equilibrium），刊登在一九六八年八月號。[12]

當時，這可說是我思考的里程碑。我很高興，因為我不只為凱因斯理論基礎（而且是在其中一個關鍵點上）引進一個更好的結構，我還與其他人一起參與一個最多人討論的經濟理論，推動其持續發展。我感覺自己正在經濟理論的最前線。這是很激進的東西，讓我很有成就感，但我很快就發覺，我還有很長的路要走。

擺脫傳統經濟學

有一些經濟學家或許已經察覺，甚至發現，在一九六七年和一九六八年初，對勞動市場

（可能也包括商品市場）的思考方式已經發生重要變化。我覺得這需要更多的討論和說服。我也很興奮看到類似的思考方式確實開始在常春藤聯盟和芝加哥以外的地方出現，從羅徹斯特到西北，再到洛杉磯都看得到。看到一些新研究之後，我有一個構想：我在想是否能舉行一場研討會，探討在充滿資訊和知識不完全的經濟體中，重新發現預期和信念的重要性。在國家科學基金會（National Science Foundation）的資助下，經過幾個月的努力，我招募到一群經濟學者。他們大都很年輕，而且都擺脫老一代教條的束縛。

一九六九年一月，這場大型研討會在賓州舉行。第一天，關於薪資動態和就業問題的討論，由阿門．阿爾其安（Armen Alchian）打頭陣，他講述蒐集更多訊息以利決策必須付出的成本。查爾斯．霍特（Charles Holt）則在報告中指出導致薪資僵固性的社會及制度因素。我把我那篇〈貨幣—薪資動態〉排在第二場，因為我資歷尚淺，而且這篇論文的初稿五個月前才發表過。戴爾．莫滕森（Dale Mortensen）在接下來的報告中就薪資動態模型提出更深入的討論。我很高興看到有人能超越我，提出一個更仔細的模型。最後，羅伯特．盧卡斯

（Robert Lucas）和李奧納德．拉平（Leonard Rapping）本著不同的精神，提出一個根本上是新古典的模型，描述一個變動的勞動市場，其中價格和薪資率使市場達到均衡（儘管有些人還在等待更好的價錢或機會），這個模型排除使薪資率未能達到市場均衡的不完整訊息。

第二天的議程是從我和西德尼．溫特（Sidney Winter）共同撰寫的〈原子型競爭*下最佳價格策略〉（Optimal Price Policy under Atomistic Competition）[13]開始。正如我在〈貨幣—薪資動態〉那篇論文中說的，公司員工存量是其資本的一部分。在我和溫特共同發表的這篇報告中，公司的客戶存量也是一種資本，簡單來說，客戶是一家公司唯一想要或需要的資本。因此，資本市場對一家公司的定價，將反映該公司客戶存量的「影子價格」（shadow price）※。這使得費爾普斯—溫特模型與我的薪資與就業模型有些顯著的相似之處。在這種經濟體系中，沒有所謂瓦爾拉斯式中立的喊價叫價者（Walrasian auctioneer）◎，可以按照市場的承受能力來設定公司價格。一家公司必須根據高度不完全的資訊（也就是在不知道其他公司價格的情況下）來設定價格（就像在〈貨幣—薪資動態〉中提到的薪資設定）。因此，如果看到產出需求下降（我總是會想到餐廳），它不知道其他公司平均來說是否會看到類似的下降，因此，價格水準的變動會比較緩慢（也就是出現僵固性），因此需求減少會壓低產出，可能也會影響就業。在開放經濟的版本中，經過發展和實證數據測試後，我們發現一國的貨幣貶值，可以保護本國企業不受國外競爭對手的打擊，促使他們提高價差，因此導致國家產出和就業減少。最後，唐納德·戈登（Donald Gordon）和艾倫·海恩斯（Allan Hynes）共同發表一篇論文，提出一個理論來解釋「失衡動態」（disequilibrium dynamics）。先前，有些理論家已經描述過這種失衡動態，如薩繆爾森，但起源仍未解釋清楚。[14]

總體經濟理論在這次會議有了很大的進展，隨著一九七〇年諾頓出版公司（W.

＊譯注：原子型競爭是指市場上有大量小型企業，彼此獨立且相互競爭的情況。

※譯注：影子價格並不是市場上真正能看到的價格，而是心中用來衡量選擇的機會成本，因此影子價格是決策者進行最佳經濟決策時，心中衡量選擇與取捨的真實標準。

◎譯注：源於經濟學家萊昂·瓦爾拉斯的模型，他假設有一個中立的喊價叫價者，可以根據市場上的供需情況來調整價格，以實現市場的均衡。

W. Norton）出版會議論文集《就業與通貨膨脹理論的個體經濟基礎》（*Microeconomic Foundations of Employment and Inflation Theory*），總體經濟理論的發展更像野火燎原般蔓延開來。往後二十年，我的著作都是由諾頓出版。

傑佛瑞・薩克斯（Jeffrey Sachs）二〇〇六年在哥倫比亞大學參加一場活動時，述說當年他和其他經濟系學生在哈佛廣場（Harvard Square）的書店看到這本論文集上市有多麼興奮。聽他這麼一說，我高興得飄飄然，幾乎沒有別的事可以給我這麼大的成就感。我絕不會否認職涯體驗的重要性。當然，能給人回饋、帶給人滿足的工作經驗是無價的。在整個職業生涯之中，我一直都有這樣的體驗。然而，就一個產業或職業而言，如果在某個層面能產生影響，特別是改變很多人的思維，會是令人興奮的事。

在我看來，我做的是帶頭展開運動，放棄新古典主義對企業的觀點，認為企業只能接受市場薪資與市場價格水準，因此企業只需根據薪資和價格來決定生產和雇用水準。這個運動旨在放棄凱因斯的折衷立場，也就是企業可能在經濟衰退時不會大幅降低薪資水準，或是根本不降低。

在取代新古典模型和凱因斯模型的理論中，有一種是尚在雛型階段的「個體—總體理論」，這是一種非正式理論，用於解釋金融賭博、技術發展和結構力量如何推升經濟或把經濟拉下來。有人開始採用我的研究，毫無疑問，有時他們的研究比我的研究還好。值得注意的是，凱因斯在一九三七年出版的《一般理論》討論股票市場的「平均意見」（average opinion）*，就提到預期的存在，及其可能具有的重要性。另外，海耶克在一九四八年出版的《個人主義與經濟秩序》（*Individualism and Economic Order*）書中，討論「如何利用無法完全掌握的知識」（utilization of knowledge which is not given to anyone in its totality），因此「一個人會預期其他人會以某個特定方式來行動……根據這樣的預期來制定計畫。」[15] 菲利

＊譯注：凱因斯認為，儘管每一個投資人的意見和預期會有差異，但透過對整個市場的觀察和分析，可得以一個所謂的「平均意見」，也就是從市場交易價格和交易量等數據推斷市場參與者整體的預期和情緒。

普・卡根（Philip Cagan）在一九五六年進行統計研究時，就曾研究通膨預期的作用。[16] 在凱因斯的假設（或教條）當中，薪資普遍具有「僵固性」，我顯然是第一個把預期導入這個假設的人。

此外，在我看來，這些論文使經濟學家看到一種前所未見的經濟生活層面，這是在新古典經濟學和凱因斯經濟學看不到的。對許多必須做決策的人來說，不管是專業決策者，當然，還包括小企業主和工薪家庭（working families），會議論文集中描述的經濟也許令人不安，這樣的經濟也可能是令人興奮並帶來回報的。

在我寫的《個體經濟基礎》（*Microeconomic Foundations*）簡介的最後一節，我觀察到：「有一條主線貫穿這些（非古典）模型。在每一個模型中，參與者都必須因應對未來一無所知、甚至對現今了解不足的問題。這些人就像品特舞台劇中的人物那樣孤立、不安，他們要建構對經濟的預期，試圖超越時空，在這個想像的世界實現利益最大化。」[17] 因此，這樣的研究就像一座橋，使人通往更廣闊的商業生活和人類經驗。在我看來，一九六九年那場研討會是試圖了解經濟體中的人會做什麼事情的早期研究，這在某種程度上是為一九六〇年代、那個孤立不安的十年劃下一個適當的句點。

踏上嶄新的總體經濟學道路

我在賓大的頭幾年，除了致力於個體經濟基礎的研究，以建立新的總體經濟理論，還做了很多事。我與賓大同事一起撰寫（並發表）幾篇論文。我和卡爾・謝爾（Karl Shell）合作，撰寫〈公共債務、稅收和資本密集度〉（Public Debt, Taxation and Capital Intensiveness），跟艾德溫・伯邁斯特（Edwin Burmeister）共同發表〈貨幣、公共債務、通貨膨脹和實質利率〉（Money, Public Debt, Inflation and Real Interest），並與羅伯特・波拉克（Robert Pollak）一起發表〈關於次佳的國家儲蓄與賽局均衡成長〉（On Second-Best National Saving and Game-Equilibrium Growth）[18]。我也發表〈人口增加〉（Population Increase）[19]一文。

一天傍晚，我從華頓商學院走路回家。我心想，這一年我寫了五篇論文，日後是否還能這樣文思泉湧（結果，在接下來的十年，我依然有很多產出，發表大量論文，直到一九八〇年代初才開始專心寫書）。

一九六九年春天，阿馬蒂亞・沈恩跟我連絡。雖然他還是牛津大學教授，不過已經在紐約聯合國總部工作好幾個月。他請我在紐約與他共進午餐。我們談很多事情，包括他正在寫的一本有關福利經濟學（welfare economics）的書《集體選擇與社會福利》（*Collective Choice and Social Welfare*）。他給我看了幾頁初稿。我告訴他，我申請到布魯斯金學會的經費補助，下學年要去史丹佛的行為科學高等研究中心（Center for Advanced Study in the Behavioral Sciences）做研究。我不知道他是否早已知道這件事。他告訴我，哈佛哲學家約翰・羅爾斯也會在那裡。雖然讀研究所的時候，我讀過一點十八世紀哲學家邊沁（Jeremy Bentham）的作品，也看赫拉夫（J. de V. Graaff）寫的經典巨著《理論福利經濟學》（*Theoretical Welfare Economics*），但自從上大學以來，沒讀過多少關於經濟福利（economic welfare）的書。不管如何，一想到能見到羅爾斯，我就興奮莫名。

八月中旬，我搭乘聯合航空五號班機，從費城飛往舊金山，準備前往史丹佛行為科學高等研究中心。我在飛機上完成《個體經濟基礎》的前言，為書中理論的進展感到欣喜（就在這次飛行途中，我腦中出現那些「品特式的人物」，思索這些人在經濟上的做法）。即將在美西長住讓我很雀躍。此刻，由於我在總體經濟學這個領域已經耕耘將近十年，我感覺自己可能將踏上一條新的道路。

第三章

失業、工作報酬
與就業歧視

我找到住所，在山景城租了間房子，也買了車（一部捷豹）之後，就去行為科學高等研究中心報到。這個研究機構位於山丘上，可俯瞰史丹佛大學。那年，研究中心的研究人員當中有些是知名學者。不意外，約翰．羅爾斯（我們叫他傑克）正在寫《正義論》（*A Theory of Justice*）。理查．派普斯（Richard Pipes）和山繆．杭亭頓（Samuel Huntington）也在這裡做研究。我跟他們及其他很多人都成了朋友，尤其是傑克，我們變成畢生好友。我還跟哲學家愛蜜莉．羅提（Amélie Rorty）和她當時的先生理查．羅迪（Richard Rorty）熟稔起來。理查那時正發展哲學新思想，後來寫出《築就我們的國家》（*Achieving Our Country*）一書。我也和唐納．戴維森（Donald Davidson）、理察．布蘭特（Richard Brandt）和心理學家崔西與霍華德．肯德勒伉儷（Tracy and Howard Kendler）建立深厚的友誼。

當然，每一個人來到這裡，都是為了自己的研究計畫。我們在舊金山半島的史丹佛山丘相聚的這一年，此地此景有如優美的田園詩，使我們畢生難忘。我們之中有幾個人幾乎每天都會在豔陽下打排球（有位醫師說：「你們一定是瘋了。」不過，我的身體從來沒這麼好過。有一次，我接球失誤。辦公室有個年輕小姐對傑克說：「聶德（我的小名）很帥，但他排球打得不好。」）後來，我倆一起在舊金山、史丹佛校區和這個研究中心，熬過一場又一場的風暴。

社會動盪引發的失業研究

一九六〇年代末到一九七〇年代，美國接二連三發生的抗議事件，直教人膽顫心驚，尤其是一九六五年在洛杉磯的瓦茨暴動（Watts riot）*、一九六七年紐約的長炎之夏（Long Hot Summer）※、一九六八年哥倫比亞大學抗議事件◎，同年加州大學柏克萊分校和舊金山

* 發生於洛杉磯瓦茨社區及其周邊地區。一九六五年，一名非裔男子因酒後駕車被警方攔下，警方與嫌犯母親在圍觀者面前爭吵、拒捕。由於非裔對警方虐打犯人事件的厭惡情緒日益嚴重，逐漸轉化為暴力事件。

※ 指一九六七年夏天美國各大城市爆發的一百五十多起因種族衝突引發的抗議事件與暴動。

◎ 因哥倫比亞大學學生發現該校與美國國防分析研究所（ＩＤＡ）關係甚密，間接捲入越南戰爭，導致反越戰、反種族主義者催生一場激烈的學生運動。

州立學院（San Francisco State College）也發動第三世界解放罷工（Third World Liberation strike）*。我記得一個初春下午，我從研究室走到研究中心外圍，俯瞰下方的史丹佛校園，發現位於大學心臟地帶的安西納樓（Encina Hall）冒煙了。據說可能是舊金山抗議者放的火。

下一波的攻擊離我家更近了。副主任普雷斯頓・卡特勒（Preston Cutler）凌晨四點左右打電話給我，說縱火者攻擊兩排研究室，我的那間也遭殃。他說：「你最好過來看一下。」我趕緊開車到研究中心。當時的焦急不安我永遠也忘不了。也許我的稿子已經毀了，而我沒有影本；可能傑克的手稿也毀了；或許整個研究中心會關閉好幾個月。幸好，研究中心還能運作，我們的手稿也都逃過一劫（就我的印象所及，即使是受影響最嚴重的地方也還可以使用）。

毫無疑問，這場動亂激發很多學者關注貧窮的工人以及在就業市場受到歧視的人。布魯金斯學會早就注意到這個問題。一九六八年初，我去學會和約瑟夫・佩奇曼（Joseph A. Pechman）見面，他給我看了他收集所得分布在底部二〇%的數據，不久我就獲得布魯金斯學會一年的研究資助，讓我得以在一九六八至一九六九年專心研究，準備寫一本有關失業和低薪資的書。

正是在這樣的背景之下，我在史丹佛行為科學高等研究中心的這一年開始研究失業問題，特別是低薪資者的失業問題（包括社會對低薪資者及工作角色的忽視），以及考量失業率的影響之後，理想的通膨政策是什麼。主要的成果是一本篇幅很長的書《通貨膨脹政策與失業理論：貨幣計畫的成本效益法》（*Inflation Policy and Unemployment Theory: The Cost-Benefit Approach to Monetary Planning*，簡稱《失業理論》〔Unemployment Theory〕）（我不確定這個書名是否妥當，尤其是副標題，所以向傑克請教。他說：「你故意惹人生氣，所以別人看了就會生氣囉。」我不解，我沒想要惹任何人生氣。我感興趣的是純學術研究）。

本書主要是從多個角度研究失業問題，包括貨幣與非貨幣的角度，探討以民營企業為主的市場經濟，如當時的美國經濟。儘管非貨幣的部分最有趣，但最好先從貨幣的角度切入。

＊一九六八年秋天，四個弱勢族群學生為主的團體聯合組成第三世界解放陣線，引發長時間的學生罷工。

本書一開始先調查經濟學家對失業問題的了解，包括個人失業及總失業情況的波動（我在這一章提出我稱為「統計歧視」的想法，稍後會再詳細討論）。接下來，我討論失業率與通膨的複雜關係。在波動方面，本書提及丹尼斯・羅伯遜（Dennis Robertson）、路德維希・馮米塞斯（Ludwig von Mises）、羅伯特・盧卡斯，乃至李奧納德・拉平等帶有新古典理論色彩的理論，以及唐納德・戈登和艾倫・海恩斯的論文，書裡提到的是由我和後來的戴爾・莫滕森建立的「現代」勞動市場理論。

不過，本書的一個重要貢獻是在其他方面。《失業理論》是個起點，我就此展開一系列關於工作許多層面或面向的論述。這本書最初在討論失業問題的時候，強調就業能帶來「自尊、社區的尊重、經濟獨立……及工作滿足感的感受」[1]，後來提到「工作的社會脈絡，將自己與其他人比較」，強調「創造更好的工作機會，可能會使抓住這些機會的人獲得尊嚴和自尊……」[2]（然而，在接下來的幾年裡，常有人使用「歸屬感」這個詞，儘管這詞並未出現在《失業理論》之中）。[3]羅爾斯在史丹佛行為科學高等研究中心的研究室只跟我隔一道牆，他在《正義論》結尾的注釋中論述：「也許最重要的基本必需品（primary goods）是『自尊』……亦即一個人對自我價值的感知。」因此，我們可以說，這會讓一個人感覺自己的工作是有價值的。[4]

我的《失業理論》只是簡單提到「工作滿足感」這個詞，不過幾乎沒去探討其中的影響。到了一九九〇年代，我才更關注這點，並在之後的幾十年，隨著二〇一三年出版《大繁榮》（*Mass Flourishing*）*和二〇二〇年出版《活力》（*Dynamism: The Values That Drive Innovation, Job Satisfaction, and Economic Growth*），成為我思考的核心。我提出，在一個良好的社會、運作良好的經濟當中，可能有很多「好工作」，能提供人們機會，讓他去發現、探索、實驗、甚至創造。然而，此刻在我的思考當中，我還沒討論到創造力的概念。

從這些觀察和主題中，可為總體經濟政策提出幾個推論。其中一個是，任何最佳總體

*譯注：此為簡體中文版書名。

經濟政策的跨期模型，**不該**只包括新古典經濟學中的標準變數（也就是勞動力、資本和土地），而彷彿失業並不存在。此外，在這類模型中，失業之所以會產生並不是因為工人在生產過程中為了取得最佳表現，而不斷自我調整自己的結果。在這個模型中，失業完全被視為負面的。正如我所寫，失業「變得抽象，完全忽略失業可提供薪資及職位空缺的訊息」[5]。

儘管其他關於通貨膨脹和失業的最佳總體經濟政策模型顯然是可取的，但我們還不清楚要怎麼做。該把焦點放在財政政策，還是貨幣政策上？我在一九六七年發表的論文〈隨時間變化的菲利浦曲線、預期通貨膨脹與最佳失業〉（Phillips Curves, Expectation of Inflation and Optimal Unemployment Over Time）提出一個探討最佳財政政策的模型，在這個模型裡的經濟體不需要貨幣，因此沒有貨幣政策。我提出，如果預期通膨很高，考慮到長期經濟福祉，就需要一輪財政緊縮，來壓抑這樣的預期，即使如此一來會使失業率激增，超過「自然失業率」[6]。

在這本書後面的章節，我假設財政政策和其他涉及公共債務與國民儲蓄的目標有關，因此管理失業的工具是貨幣政策。貨幣政策要做的，不只是以最佳通膨率為目標來穩定通膨，只是這麼做的話，會讓失業率大幅波動，無法得到穩定通膨的好處。然而，如果貨幣政策只是使失業率穩定在最能維持的水準，如預估「自然失業率」，則通膨會大幅波動，使得經濟受到威脅。

本書對貨幣政策的討論，是從在特定條件下「最佳通膨路徑」的一個「示範模型」開始。[7]這個模型假設「自然失業率」是存在的，而且當失業率異常的高，貨幣政策會支持經濟的復甦。接著，本書在一個總合需求、通膨和失業的簡化模型中確立最佳貨幣政策。

在最簡單的情境下，最佳政策會漸漸把預期通膨率推向能帶來最大可持續利益的水準。[8]當然，在通膨率接近預期通膨率時，失業率會趨近自然失業率（通常在一般的情境下，根據當前的預期，最佳失業率會使預期通膨率以適當的速度下降或上升）[9]。同樣的，「最佳政策也許會使當時的代數通膨率*增加到某一個程度，使得這個通膨率的『邊際效用』……等於最

*編注：實際通膨率的具體數值，而非理論值或預期值。

大可持續效用率與當前效用率的差距」，這個公式非常類似法蘭克．拉姆齊的最適國民儲蓄理論。[10]

然而，在這本書，我了解在現代世界之中，任何關於最佳貨幣政策的確定性模型，都無法掌握對未來及現今某些方面的巨大不確定性。因此，政策制定者也許會傾向放棄規則，依照自己的直覺去做；市場也是如此。

在我看來，儘管這本書沒有提供可行的貨幣政策教戰手冊，更不用說提供一個內容更廣泛、兼顧貨幣與財政政策的指南，不過我的確比提倡被動貨幣政策和依賴市場的米爾頓．傅利曼更了解最佳貨幣政策的本質，也比把失業問題交給所謂市場理性預期的羅伯特．盧卡斯更加理解最佳政策。此外，對我而言，這本書的重要之處，在於這是當時對「工作的重要性」和「失業造成的非金錢性損失程度」（無論損失大小）所能進行最全面的討論。

就業市場的統計歧視

一九七〇年八月，我在史丹佛行為科學高等研究中心為期一年的研究結束，於是我回到東部，繼續在賓州大學教書，同時決定住在紐約。我做出一個艱難的決定，拒絕史丹佛提出的優渥條件。另外，我覺得我需要住在紐約，我想要看李奧納多・伯恩斯坦（Leonard Bernstein）指揮的紐約愛樂、紐約市芭蕾舞團的喬治・巴蘭欽（George Balanchine）和大都會歌劇院的詹姆斯・李汶（James Levine）。表演藝術現代大師已經日益凋零，我得趁他們還在的時候好好把握。

在紐約，我的精神生活變得更豐富了。一天早上，我出門搭電梯的時候碰到哲學家湯瑪斯・內格爾（Thomas Nagel）。他跟我住在同個樓層。他知道我認識傑克・羅爾斯，他引用傑克的話說我「跟其他經濟學家不一樣」。接著，我們一起搭火車時，我跟他說，我不喜歡搭擁擠的地鐵去賓州車站趕火車。湯瑪斯則說，他倒是很愛搭擁擠的地鐵，也喜歡地鐵車廂的汗味（我懷疑他在開玩笑）。在接下來的三十幾年，我們一直保持來往。[11]

然而，在那一年，雖然我**非常**想探究羅爾斯正義的意涵，不過我得先進一步研究「統計歧視」，這個概念我在《失業理論》已經用幾頁的篇幅介紹過。[12]正如我在那本書上指出的，這個理論自然偏離瓦爾拉斯在分析勞動市場時的假設，因為無法完全掌握工人和工作機會的存在及特徵資訊（附帶說明，我一直認為「不完全」〔imperfect〕才是準確用詞，「不對稱」〔asymetric〕並不是。比方說，如果我不知道我面臨什麼需求，而且你也不知道我面臨的需求，怎麼能說這是「不對稱」）。[13]

書中這段話傳達統計歧視的基本概念：

從兩個（求職者）中做選擇時，可能會出現雇用偏見（hiring biases）……一家公司可能特別注意年齡、性別、身高、體重、受過幾年教育……以前做過哪些工作等數據，決策者觀察到工作表現與這些變數的相關性，這形成他們的信

> 念，並生成一個判斷順序的清單，藉此做出決策。這就是公司正在進行的「統計估計」。（又如）一個旅人在對當地情況不了解之下，就訂立一個規則，決定在旅館外用餐，而不是在旅館內用餐；即使外面的餐廳可能比旅館裡的餐廳來得糟，這就是「歧視」……同樣的，一家以成本最小化為目標的公司，可能會把有關個人的一些描述看成是沒有經濟效益、甚至是不可行的替代指標，基於這種少量數據來「歧視」。[14]

換言之，膚色和性別常被當作這樣的替代指標。正如我接下來要說的，社會評論家質疑，勞動市場及社會其他地方是否只需要盲目的公正和統計上的公平？

後來，艾德華．裴斯考特（Edward Prescott）和卡爾．謝爾建議我更進一步探討這個案例。結果，我寫出一篇期刊文章〈種族主義與性別歧視的統計理論〉（The Statistical Theory of Racism and Sexism），我在文中提出：「源於蓋瑞．貝克的歧視理論是基於種族偏好因素。繆達爾具有開創性意義的研究似乎也著重於種族對立。」[15]反之，我的論文除了對上述討論進行總結，還發展出一個有關聘雇歧視的數學模型。

到了一九七一年，由於討論貨幣政策的專書出版了，關於統計歧視的論文也完成，我覺得可以自由的進行更多的新計畫。然而，我還沒確定新的方向。當然，我希望自己能想出更深刻、更有創造性的東西，但無法預見那會是什麼。同時，我也想探討羅爾斯的正義，並準備研究其他引發關注的主題。

第四章

利他主義
與羅爾斯的正義

一九七一年中，有件幸運的事，預示我的工作和事業將迎來新的方向。一天，我和往常一樣從費城搭火車回曼哈頓，我發現坐在對面的竟然是哥倫比亞大學經濟系主任凱文．蘭卡斯特（Kelvin Lancaster）。顯然，歷經一九六八年轟轟烈烈的學生運動加上老人凋零，哥大經濟系急需新血。當時，我正想只待在紐約，因此從一九七一年秋天我開始在哥大任教。

在抗議、暴力頻傳的一九六〇年代之後，一九七〇年代是反思和深刻內省的時期，很多新的想法正在醞釀。我記得一九七一年夏天，我在賓大的同事亞瑟．布魯菲德（Arthur Bloomfield）邀請我去長島薩格港（Sag Harbor）共度週末。他說，貝蒂．傅瑞丹也會來。她寫的《女性迷思》（*The Feminine Mystique*）可說是性別論述的里程碑。那個週末，有個與我們意氣相投的國會議員提出這個國家所得不平等的問題，並討論所得重新分配的大計畫。那天稍晚，我在停車場跟貝蒂聊天，我說她應該要意識到這樣的計畫需要大量稅金的挹注，所以一旦採納這樣的計畫，就顧不了其他對國家很重要的計畫。

在這股熱潮中，我從九月開始到哥倫比亞大學任教。對於這個新工作，我滿懷期待。我的思考方向有些轉向，從成長理論（首先是風險性資本累積，然後是「黃金法則」等）、總體經濟理論（公共債務、財政政策、通膨、貨幣政策、非均衡就業及資訊不完全在形成預期時所扮演的角色），轉向經濟理論基礎的其他想法。

其中有個基本問題是參與經濟活動帶來的多樣性體驗，至少對先進經濟體來說是如此。在一般市場經濟的觀點中，人們工作是為了賺錢、讓家人獲得溫飽及滿足衣物、住房、交通、娛樂、度假等需求。傳統教科書和模型試圖捕捉市場經濟中人們活動的本質，描繪經濟參與者只關注價格，衡量賺錢、花費、儲蓄和投資的機會，然後做決定（現在仍然這樣做），也就是說，在新古典理論中做出最佳決策，或是因為背離「理性選擇」，在行為經濟學中做出不太理想的決策。

很多人有了所得和資本利得，也滿足花費和儲蓄的需求之後，偶爾也會贈與或捐助自己的金錢和時間，並參與慈善投資，但標準經濟理論未能充分解釋這樣的行為。由於愈來愈多的人有錢又有時間，這種現象也就愈來愈普遍。其實，從十九世紀中葉到二十世紀中葉，人們愈來愈有能力行善並展現高超的道德標準：他們擁有的金錢和時間愈多，就愈能這樣做。人們會送禮物給別人或進行慈善捐款。人們駕駛車輛和製作出售的食物也很謹慎。這樣的現象現在很明顯，但在當時，則不是那麼明顯，甚至有爭議（另一個根本問題是社會的重分配*。我一直把這個艱巨的題目放在心上，一年後才開始研究）。

利他主義和道德對經濟的影響

利他主義與道德標準的現象一直沒受重視，直到一九七〇年代初期，經濟學家、社會學家和哲學家紛紛開始討論利他主義和道德對經濟的影響。這個發展顯然是因為兩本書的出版所引發的，分別是普林斯頓大學哲學家湯瑪斯．內格爾在一九七〇年出版的《利他主義的可能性》（*The Possibility of Altruism*），以及倫敦政經學院社會學家理查．蒂特馬斯（Richard Titmuss）在一九七一年出版的《禮物關係》（*The Gift Relationship*）。必然是因為我和湯瑪斯的一、兩次對話，使我想要就這個主題舉辦一次研討會。我知道肯尼斯·阿羅對蒂特馬斯的書很感興趣，因而請他來發表主題演講。這場會議預定在一九七二年三月舉行。不久，我們就敲定一群傑出的理論家和哲學家，請他們參加。羅素塞奇基金會（Russell Sage Foundation）的伊蓮諾·謝爾登（Eleanor Sheldon）也同意為這場研究會提供場地、物資等支援及經費贊助。演講人除了肯尼斯，還有保羅·薩繆爾森、詹姆斯·布坎南（James Buchanan）、威廉·維克里（William Vickrey）、羅蘭·麥肯恩（Roland McKean）、威廉·包默（William Baumol）、伯頓·魏斯伯（Burton Weisbrod）和布魯斯·博尼克（Bruce Bolnick）。除了湯瑪斯·內格爾，與談人包括阿馬蒂亞·沈恩、吉多·卡拉布雷西（Guido Calabresi）、西德尼·摩根貝塞（Sidney Morgenbesser）、愛德華·麥克倫寧（Edward McClennen）和卡爾·謝爾，可說是眾星雲集。

＊編注：redistribution：透過稅收或福利政策，將財富從富人轉至窮人。

很高興看到很多哲學家和經濟學家都熟悉彼此的研究。哲學和經濟學之間沒有隔閡，即使是在戰時，劍橋大學、牛津大學、巴黎政治學院等大學之間的經濟學家和哲學家依然關係密切。畢竟，在道德哲學和規範性福利經濟學中有一些相似的問題。這次會議進一步強調利他主義的重要性。有人指出，據估計，在美國超過一半人口的生活安穩和物質滿足，仰賴的是與其他人的關係，而非出售自己的服務。人們對經濟如何促進對利他行為的了解非常感興趣。我曾提出：「如果經濟學家的任務是（解釋）和評估資源的分配，利他資源的分析就是必須解決的關鍵問題。」[1]

此次會議論文集中的引言，對利他主義提出這樣的看法：「商業市場參與者對某些利他主義原則和傳統的依循，對國民所得有重大貢獻，因此可能對邊沁—柏格森經濟福祉（Bentham-Bergson economic welfare）*產生影響。」[2]其中一個原則就是誠實。阿羅在論文中提到：「（賣方的）誠實對經濟體系的效率非常重要。提供真實訊息是外部性※的一個例子……這種狀況有兩個關鍵特點：一是無法確定服務品質，其次是買賣雙方有知識落差。」[3]

我想提出一點：要求市場上的賣方展現利他主義或如阿羅所說的「誠實」，這與要求新創公司與產業中的知名企業分享新構想不同，這樣的要求，有助於消除或減少可能阻礙新創企業達成合作和協議的不信任感，對於在未知領域展開探索的新創企業而言，這種合作與協議是必要的，而這樣的探索則是維持經濟成長所需要的。這點沒有寫在論文集的引言，也沒寫在我的論文裡。

這次的研討會非常精采，分享很多論文和評論，因為數量龐大，無法在此討論。我只想補充的是，彼得．哈蒙德（Peter Hammond）在一篇深刻的論文中提出一個模型，「在這個模型之中，即使是在一個完全利己主義的世界裡，也可能出現一些慈善行為，只要這些利己

＊譯注：邊沁主張行動與政策應該根據促進最多人的最大幸福來評判，柏格森則強調主觀體驗在評估社會福祉的重要性。邊沁—柏格森經濟福利則綜合這兩種觀點，考慮到客觀因素（如個人所得、資源和物質福祉）與主觀因素（個人滿足、個人實現與生活品質）以評估經濟福祉。

※譯注：指經濟個體的行為對社會或第三方產生的影響。

主義者有適當的預期。」[4]我的論文則是基於一九六八年發表的費爾普斯—波拉克賽局均衡成長模型（Phelps–Pollak model of game-equilibrium growth）。在這個模型中，賽局的均衡路徑無法完全確定，然而「可能形成一種『倫理規範』，明確規定每一代人應該履行的某些義務……（因此）道德規範也許可以決定每一代的利他行為。」[5]

所以，是的，利他主義，包括對人誠實，可以減少資源分配的效率不彰，也可能帶來巨大的好處。近幾十年來，在美國經濟中，從埃克森美孚（Exxon）到普渡藥廠（Purdue Pharma），*可見這種價值觀明顯衰落，這是個令人憂心的問題。回顧這次會議，我對會中描述或模擬的經濟體僵化特徵印象深刻。我不得不說，這是因為工作生活的一個重要層面受到忽略。

這些描述和模型並沒有表達出很多在經濟體裡參與者的經驗（即使不是大多數的參與者），除了賺錢，他們還廣泛的探索和創造。尤其是一八二〇年到一九四〇年的英國、一八五〇年左右的美國，在德國和法國有時也看得到。很多人不只是出錢，也出力。對他們來說，經濟是讓他們表態、產生影響（不論有多小），或許也能造福社會的一個場域，可能比金錢收入更加重要。人們透過這種方式實現個人成長。

在那次精采的會議之後，據我所知，經濟學家沒什麼繼續追蹤的興趣。會議論文集《利他主義、道德與經濟理論》（*Altruism, Morality and Economic Theory*）在一九七五年出版，除了保羅．薩繆爾森的一篇論文，其他所有的論文都出版了。但這本論文集只有一篇書評，也就是彼得．豪伊特一九七六年在《加拿大經濟學期刊》（*Canadian Journal of Economics*）發表的文章。然而，這本論文集的主題（利他主義價值觀可能是有幫助的）則引發芝加哥大學經濟和法律學者的注意。這倒是令人有點意外。

在芝加哥的個體經濟學界，喬治．史蒂格勒的地位就像米爾頓．傅利曼在總體經濟學界

＊譯注：美國石油巨頭埃克森美孚公司有許多的醜聞和爭議，包括一九八九年瓦爾迪茲（Valdez）油輪事故，導致大量原油洩漏到阿拉斯加的海岸線，對當地生態環境造成嚴重破壞；普渡藥廠則在推銷疼始康定這種止痛處方藥（OxyContin）時故意誇大效力，隱瞞可能成癮和濫用的風險，促使醫師過度開立這種處方，因而在美國導致嚴重的鴉片類藥物成癮危機。

的地位一樣。他曾兩度熱情邀請我參加芝加哥大學法學院舉行的法律和經濟研討會，但我都推辭了。不過一九七二年秋初，他再次邀請我時，我覺得我必須接受，特別是我剛完成《利他主義》一書的引言，與會者應該不會覺得我講的內容是老生常談。當然，我預料與會者應該都是虔誠的自由放任主義信徒，對我提出的論點不會輕易接受。

在我們頂著強風去法學院之前，我到他的公寓。史蒂格勒告訴我，他不同意我的觀點。然而，我還沒準備好面對每個觀點都遭到反對。在我最初的演講中，我說，如果每一個人都具有利他主義的精神，例如，每次在路口遇見紅燈都會停下來，這個結果將對所有的人帶來預期利益，這可以說是一種集體福祉。在我講完後，史蒂格勒在討論時帶頭說，他寧願路口不設置紅綠燈。他的意思是，在某些情況之下，利他主義行動的代價太大，至少對某些人來說是如此。在我看來，雖然這個觀點原則上適用於某一類情況，並不代表利他主義在一般情況下或大多數的情況下都是不可取的。在接下來的討論中，與會者攻擊的砲火更加猛烈，如蓋瑞．貝克、理查．波斯納（Richard Posner）等知名學者，但我還是挺住了。

研討會終於結束時，法學院有一位老教授走過來跟我交談，他的英語帶有濃重的德國腔。他說：「你一直表現得很好，但最後為什麼贊同他們的想法？」我想，他指的是我在最後妥協了。其實，那時我已經快累死了。很遺憾，我讓他失望了（我後來查了一下，才知道他是馬克斯・萊因斯坦〔Max Rheinstein〕，他是美國法學界的大老）。

雖然我在一九七〇年代提出幾個想法，也發表多篇論文，談到對貨幣政策、失業、工作價值、工作歧視和利他主義的看法，但羅爾斯對我的影響愈來愈深。我讀他的巨著《正義論》，也不斷思索我們的討論。

在那幾年，他對這個國家的影響也愈來愈大。最近一項研究就有這樣的評語：「約翰・羅爾斯對美國人的心靈有深遠的影響，改變我們對正義、公平、自由和憲政主義的理解。」[6]在一九七〇年代，我針對羅爾斯的理論寫了幾篇論文。因為他的緣故，我在寫《政治經濟學》這本教科書時，其中一章〈公平的理念〉就是以他的理念為核心，探討所得分配的問題。

實踐正義該課多少稅

羅爾斯在其巨著《正義論》開頭提出一個抽象的情境：工人一起組成一個經濟體，以實現他們的目標。但在開始之前，他們希望能就努力成果的分配原則達成共識。羅爾斯有個重要觀點是，他們不會同意每一個人分配到的一樣多。他了解，平等薪酬會使每個人付出代價，即使賺錢能力最低、迫切需要每一塊錢的人也不例外（羅爾斯也明白，如果最低所得高到足以讓有幸保住工作的人過著不錯的生活，就會有人不幸失去工作和所得，即便所得相當微薄）。

在羅爾斯提出的情境下，他的論點是，正義允許最有優勢者與最弱勢者的報酬存在差異，直到**更大的**差異或不平等，導致最弱勢者（最低所得者）的報酬**減少**。這種分配原則就是「使最低變成最大」（maxi-min），也就是把最低報酬提升到最大的水準。羅爾斯得出這個結論的原因是，如果人們不知道自己在薪資分配中的位置，都會同意這種做法。

我們有理由去質疑，為何要特別關注最弱勢者，如果我們對社會頂層最有優勢的那群人提供一些額外利益，次弱勢者（比最弱勢者稍多一點優勢的）群體也可能有利。但支持羅爾斯「差異原則」的人傾向把這種抱怨視為吹毛求疵，認為這種差異原則仍是分配正義的最適原則。一個正義理論不一定要完美才值得實踐，只要是目前看來最好的理論，就可以去做。

羅爾斯的論點與邊沁的功利主義對立。功利主義旨在透過重分配，使「效益總和」達到最大。在功利主義的理論中，效用最低者的效用非但不是效益總和最大化的目標，也不清楚效益總和是要把經濟體中工作者的效益加總，還是把一個國家中所有人的效益加總；甚至不清楚是將一國全體人民的效益加總，還是要將全世界人民的效益加總。

我很好奇，如果羅爾斯的政策能實施，會是什麼樣貌。高所得階層的邊際稅率也會很高嗎？顯然，這個政策會從中、高所得者徵收最大數額的稅收，以獲得最大數額的補助金（也就是所謂的負所得稅）給低所得者。依照羅爾斯的精神，這就是稅收最重要的用途。不用說，就業人口中最弱勢者的生產力會大於零，但比生產力最高者的生產力少。

我建構並研究這個解決方案之後，一九七二年夏天我在史丹佛經濟學研討會中發表一篇論文。我演講時，阿巴．勒納和經濟學大師肯尼斯．阿羅就坐在我正前方，多年前，我曾在蘭德公司與他們共事。我指出這個模型中一個可能引發爭議的意涵：最高所得者薪資的**邊際稅率**（在最高所得水準上隨著應稅所得增加而增加的稅率）必須為零，因為如果不是這樣，邊際稅率的微幅縮減，**都**將使政府稅收和最高所得者稅後所得略微增加。

我說完時，肯尼斯說，他無法相信這個主張是正確的！接著，阿巴說：「但是，肯尼斯，這就像一家公司為了實現利潤最大化，把邊際收益降到邊際成本，但此時邊際利潤是零！」因此，羅爾斯的正義不論如何定義，還是**不能**消除不平等，在某些情況之下或許能減少不平等，但也有可能增加不平等。關鍵是，羅爾斯的正義能讓最弱勢者的報酬增至最大。

這個模型的一個發現是邊際稅率最終會下降。另一個表面上顯而易見的發現是，這個模型的最佳稅收政策目標是使稅收最大化，也就是展現所謂的課稅能力（taxable capacity）。我們還研究最初模型的幾個變體。

當然，保守派和老派自由主義者打從一開始就反對羅爾斯的目標。他們擔心這意味要讓稅收最大化。一九七三年八月，我在《經濟學季刊》（*Quarterly Journal of Economics*）發表〈符合經濟正義的薪資所得稅〉（Taxation of Wage Income for Economic Justice）[7]提出這個簡單的模型（我在分析時使用的一些方法，詹姆斯．莫理斯在一九七一發表的論文〈最佳所得稅制理論的探討〉[8]已經介紹過，等於是為我開路）。

從表面上來看，如果政府課徵的所得稅收有任何一部分用在**其他**目標，都會阻礙羅爾斯正義，更別提挪用很大一部分的稅收。比方說，提供免費醫療給所有人，則會大幅削減用於薪資補貼的稅收，即使工人可以免費獲得醫療資源，也會使低薪資者的利益造成淨損失。羅爾斯會如何回應這個問題呢？

我發現大多數引用《正義論》的論文作者幾乎都認為，羅爾斯呼籲將巨額稅收用於各種福利計畫，而忽略最弱勢的工人。在羅爾斯的正義論中，最重要的人是經濟的參與者，經濟是社會的核心活動。我在一九七六年四月中旬從阿姆斯特丹寫了一封信給他，請他說明他的正義論是為了最弱勢者的工作報酬，而非一般貧困人口。然而，多年過去了，我一直沒收到回信。最後，他在《哲學與公共事務》（*Philosophy and Public Affairs*）期刊發表的〈正義的優先次序與善的觀念〉（The Priority of Right and Ideas of the Good）一文中回應。他寫道：「整天在馬里布（Malibu）衝浪的人應該養活自己，沒有資格領取政府補助。」[9]我終於覺得我對《正義論》的理解是對的。

然而，對於他在書中的論述還有幾個問題。首先，如果把薪資所得稅一大部分用在社會福利計畫，拿來補助住房、食物和醫療，將被視為背離羅爾斯的想法。據說，有人曾問羅爾斯，如果有人要求把用於最弱勢者的一部分稅收抽走，轉移到其他計畫，如何實現他所提倡的正義？據說他回答，比方說，政府應該詢問那些貧困工人，他們是否同意將自己的收入轉移到社會福利計畫。當然，從實際情況來看，在數百個要求增加政府支出的法案中，很多都沒獲得貧困工人的批准。然而，所有薪資階級希望落實的政府計畫都被視為對低薪工人有好處，因此獲得採納。

儘管我在一九七〇年代無法把這些現象描述得很清楚，不過我想說的是，即使與正義有關的任何一個概念都沒有取得共識，甚至尚未廣泛研究，正義的概念依然非常重要。同樣的，讓人有機會追求美好生活的經濟體系和價值觀的概念也一樣重要。這就是所謂「福利經濟學」的領域（古代學者也曾提過「正義和良善」）。如果人們展望未來，在資本上投資、在教育上投資，並思考可能的創新和新方向，建立國防力量或許也是必要的（亞當・斯密對這一點的看法無誤）。還有街道安全、財產權、公共衛生等問題。顯然，公共服務需要政府經費，大部分的經費遲早需要透過稅收來支付。對**資本**（暫且不考慮其他財產）徵稅似乎是為**公共服務**（包括各種保護和服務所需的費用）籌措經費的可行之道，對**薪資**徵稅以**補助**低薪者也是一個辦法。但什麼才是最好的方法？

在一個有很多弱勢工人的經濟體中，可以想像最好的解決方案是透過對薪資所得**加上**利潤收入的徵稅，使稅收最大化。但這裡有一個問題：薪資補貼是否應該和薪資所得徵稅所獲得的稅收相等或更多？在一九七〇年代，我還無法回答這個問題，也沒有問羅爾斯。也許這是個無法回答的問題。

我重讀《正義論》的一些章節，發現羅爾斯認為，最具有優勢的高薪者會受到正義感的約束，願意把所得的一部分（不管是多少）交出來重新分配，分給比較弱勢的低薪者。他沒有想到比較具有優勢的儲蓄者（在投資報酬上表現得比較強的人）也願意把來自儲蓄的收益重新分配給比較弱勢的儲蓄者、或比較沒有能力的工人。然而，這個問題也一樣未能得到答覆。

正義與全民基本收入

就羅爾斯的「正義」觀點，我發表的第一篇論文是在一個極簡單的經濟體中建立一個模型，看看其中會以什麼方式呈現正義。之後，我花了一些時間，就資本、世代交替（overlapping generations）和確立國民儲蓄的原則方面，探討羅爾斯式經濟的問題。幸運的是，我在一九七〇年代中期遇見哥倫比亞大學博士候選人雅努斯．歐多弗（Janusz

Ordover），不久我就建議他跟我一起進一步探索這個未知的領域。雅努斯是波蘭經濟理論學家奧斯卡·蘭格（Oskar Lange）的高徒；蘭格是第一個提出市場社會主義的經濟學家，因此我很高興雅努斯也能成為我的門徒。

我是雅努斯的論文指導教授，我們交流的第一個成果是他博士論文的第一章，討論在一個簡單成長模型中薪資**和**利息（或利潤）的徵稅問題。這篇文章後來發表在期刊上，論文標題是〈在成長型經濟中，分配正義與薪資和利息的最佳稅收〉（Distributive Justice and Optimal Taxation of Wages and Interest in a Growing Economy）[10]。接著，我們一起發表一篇論文〈追求跨世代終身正義，對財富與薪資線性課稅：一些穩定狀態的案例〉（Linear Taxation of Wealth and Wages for Intergenerational Lifetime Justice: Some Steady-State Cases）[11]。有趣的是，從一個模型到另一個模型，可能對實現最低薪資率最大化所需的最佳稅收結構產生重要影響。有一次，我去洛杉磯，和加州大學洛杉磯分校的約翰·萊里（John Riley）就羅爾斯對跨世代正義的看法交換意見，這讓我開始轉往一個完全不同的研究方向。後來我們共同發

表一篇論文〈羅爾斯式的成長：追求跨世代最小最大化的正義，資本與財富的動態規畫〉（Rawlsian Growth: Dynamic Programming of Capital and Wealth for Intergenerational 'Maximin' Justice）[12]。

比利時政治哲學家菲利普・范帕里斯（Philippe Van Parijs）在一九九五年出版《人人享有真正的自由：有什麼可為資本主義辯護？》（*Real Freedom for All: What (if Anything) Can Justify Capitalism?*）提倡「全民基本收入」，這是與羅爾斯截然不同的計畫。二〇一九年民主黨總統初選候選人楊安澤（Andrew Yang）就提出這樣的政見。[13]重要的是，我們社會知道這種計畫的負面結果，因此接下來我將討論范帕里斯的意見，也就是反羅爾斯觀點。

一九九九年左右，阿馬蒂亞・沈恩在劍橋三一學院召集一個小型聚會，我在這裡遇見范帕里斯。一開始，他就提出為什麼要推行全民基本收入的做法。我非常震驚、憤怒的攻擊他的論點，但沒有人發言支持我。我擔心阿馬蒂亞和他太太愛瑪・羅許柴德（Emma Rothschild）會生我的氣，不跟我說話。但我離開餐桌時，阿馬蒂亞對我伸出手，似乎對我的批評表示讚賞和支持。在這次衝突之後，《波士頓評論》（*Boston Review*）向我邀稿，請我寫一篇文章回應范帕里斯寫的〈給所有人的基本收入〉（A Basic Income for All）一文[14]。

不幸的是，在一個國家實施全民基本收入，雖然是提供窮人生活收入的一種方式，但無助於提高低薪者的薪資，讓他們能**養活自己**，無論如何，在西方國家，人們需要這種能力來維護他們的自尊（儘管一連串的間接影響可能在一段時間內稍微提高薪資，但在不久的將來仍會減緩薪資的成長）。全民基本收入會使人放棄工作，因而失去只有在工作中才能獲得的歸屬感、自尊、自立和滿足感。正如我在過去其他場合所主張的，全民基本收入會誘使人們和他們的孩子放棄有意義的工作，因此失去經濟參與感，而經濟是社會的核心活動。令人失望的是，沒有很多人反對全民基本收入。[15]

有些人反對全民基本收入是因為代價高昂：如果無法增加稅收，就得大幅削減其他社會開支，如戴倫・艾塞默魯（Daron Acemoglu）二〇一九年六月在《評論匯編》（*Project Syndicate*）發表的一篇文章〈為什麼全民基本收入是個壞主意？〉（Why Universal Basic

Income Is a Bad Idea）[16]。的確，低薪資補貼如果要達到羅爾斯的水準，是一項巨額的財政支出，在我建立的羅爾斯模型中，這些費用將完全由高所得的納稅人承擔。儘管高所得端的工作動機會因此減弱，低所得端的工作誘因則會增強。相形之下，范．帕里斯的全民基本收入則會使**所有人**的工作誘因變小，有些人的工作意願甚至大幅減少，顯然需要更多的支出，或許支出會多**很多**。

打造最強的總體經濟理論團隊

一九七一年秋天，我來到哥倫比亞大學，欣賞其輝煌的歷史。在教職員宿舍裡可以遇見非常有趣的人。伊西多．拉比（Isidor Rabi）是曾參與曼哈頓計畫的物理學家。羅伯特．莫頓（Robert Merton）也常在那裡出沒，他是偉大的社會學家，研究涵蓋很廣，也是原創性的典範。歷史學家雅克．巴森（Jacques Barzun）也在那裡，但我沒見過他。我很快就和西德尼．

摩根貝塞成為朋友。多年來，他一直是個有傳奇色彩的道德哲學教授，興趣非常廣泛，但大家都知道他不擅長寫作。新年那天，他和他太太瓊恩．漢穆森（Joann Haimson）請我去他們的公寓聚會。我在那裡和湯瑪斯．孔恩（Thomas Kuhn）聊天，他在《科學革命的結構》（*The Structure of Scientific Revolutions*）提出「典範轉移」，這個概念很吸引我。[17]那場聚會裡還有一群了不起的學者，像是約翰．杜威（John Dewey）、統計理論學家哈洛德．霍特林（Harold Hotelling）、文學批評家萊昂尼爾．崔林（Lionel Trilling）、化學家哈洛德．尤里（Harold Urey）等大師的繼承人，甚至是他們的學生。在一九三〇年代，哥倫比亞和芝加哥是頂尖學府。

凱文．蘭開斯特（Kelvin Lancaster）、羅納德．芬德利（Ronald Findlay）和我，我們三個人努力把經濟系的水準拉高，我們在總體經濟學方面的研究做得有聲有色。我們幸運的招募到羅伯特．孟岱爾（Robert Mundell），他在多個領域的研究都很有名，包括國際貿易、「開放總體經濟學」（open-economy macro，以及著名的兩個象限圖）和貨幣與財政政策的

「供給面」經濟學。我打電話給他，衷心希望他能來哥倫比亞，並保證我們不會要求太多；我還想到曾在耶魯讀博士的吉爾列摩．卡爾沃（Guillermo Calvo），我也把他找來教總體經濟理論；我和約翰．泰勒（John Taylor）則是在史丹佛結識的，我請他擔任計量經濟學的授課教授。到了一九七〇年代結束時，卓越的總體經濟學家史丹利．費雪（Stanley Fischer）對我說，哥倫比亞大學經濟學系的總體經濟學團隊是全美國最強的。

一九七二年一月，我在哥倫比亞大學遇見薇薇安娜．蒙鐸（Viviana Montdor），她在系辦公室影印機旁的一個小房間負責整理考卷。我連續三天跟她要香菸，第四天邀請她去聽伯恩斯坦指揮紐約愛樂的音樂會。我們來自不同的背景，兩個人很談得來。她的聰慧和成熟給我深刻的印象。她是在布宜諾斯艾利斯長大的，曾在巴黎求學，西班牙語、法語和義大利語都說得很流利。我們在一九七四年十月結婚，和她的兩個孩子莫妮卡和愛德華多搬進一間公寓。我們一起確定人生的方向。薇薇安娜學畫，後來在紐約當口譯員。這段婚姻對我的人生非常重要。在她的催促下，我們前往歐洲。她認為我必須了解其他生活方式，並接觸不同的民族和文化來了解社會。

我們第一站是去義大利西恩納（Siena）附近的聖科隆巴（Santa Columba）參加夏季會議。羅伯特・孟岱爾和他太太薇樂莉・納齊奧斯（Valerie Natsios）每年夏天都在那裡度假，保羅・沃克也常去那裡。我們玩得很開心。麥克・庫辛斯基（Michael Kuczynski）開越野車載我們五個到達目的地托斯卡尼（Tuscan）時，我們都灰頭土臉了。

在會議中，我們拜託克里斯蒂安・馮魏茨薩克，如果有機會能讓我在歐洲擔任訪問學者，請他告訴我們。結果，很快就有好消息。我們在一九七八年夏天去阿姆斯特丹，我在阿姆斯特丹大學辦了幾次講座。我們也遇見瑪莉絲和尤根・施洛德（Marlies and Jürgen Schröder）。在他們的安排之下，我們在一九七九年和一九八〇年的夏天受邀到曼海姆大學（University of Mannheim），住在德國中部的歐登林區（Odenwald），那裡是神話中《尼伯龍根指環》（*Ring of Nibelung*）的森林。在這兩次訪問期間，我整理我的論文，並為上、下兩冊《總體經濟理論研究》（*Studies in Macroeconomic Theory*）寫了序言。第一冊是《就業與通貨膨脹》（Volume 1, *Employment and Inflation*），第二冊則是《重新分配與成長》（Volume 2, *Redistribution and Growth*）[18]。

這三次夏季的訪問只是開始，在接下來的二十年，我經常去歐洲。但哥倫比亞大學和紐約依然是我進行絕大部分思考與寫作的地方。

第五章

供給面學派、新古典學派與非凱因斯型經濟低迷

在一九六〇年代提出總體經濟的個體基礎，以及一九七〇年代提出以羅爾斯正義理論為基礎的經濟理論後，一九八〇年代來臨時，我已經沒有其他壓箱的理論性概念了。不過，還有一些現象要解釋，以及與近期理論有關的一些疑問需要解答。

一九八〇年代一開始，大多數西方國家面臨的挑戰已經達到很嚴重的程度。在美國，一九六〇年代末期開始的社會動盪不安，在整個一九七〇年代引發高度關注。此外，固定匯率制度在一九七〇年代瓦解後，隨之爆發的通膨也引發社會不安。另一個讓人擔憂的事情是，一九七〇年代初期開始，以總要素生產力（total factor productivity）衡量的經濟成長率減緩，縱使在資訊技術革命年代，這個問題依然持續。美國總統卡特（Jimmy Carter）在一九七九年七月發表的電視演說中說這個國家普遍委靡**不振**，他的觀點在接下來的總統大選中遭到雷根（Ronald Reagan）嘲笑。[1]在英國，一九七〇年代和一九八〇年代爆發前所未見的大量醜聞，這可能是喪失某種精神的訊號。首相柴契爾夫人（Margaret Thatcher）似乎也意識到這一點，她說：「以往，大家總是會努力做些什麼。」面對這些情勢，各方應該做出什麼反應呢？

看到稅賦抑制企業投資，進而導致長達十年的經濟成長放緩，雷根總統推動國會立法，旨在透過降低營利事業所得稅來振興投資。看到英國的管制及福利國家的支出導致經濟長期停滯，英國首相柴契爾推行自由市場、管制鬆綁、以及撙節政府支出，鼓勵新廠商進入和新產業興起。雷根的減稅政策遭到民主黨的大力抨擊，柴契爾的改革措施也被工黨痛斥。在這兩個國家當中，觀察家們用投資及成長的資料檢驗減稅和改革主張。

當時，經濟學家普遍不知道什麼是應對經濟成長減緩或停滯問題的最佳政策，以及這些政策的成本與效益。在我研究的總體經濟學和福利經濟學中，當時的發展階段對於這些問題的解決方法，我本身也沒什麼概念。奇怪的是，當時幾乎沒有人研究這個領域。

供給面經濟學

這時，羅伯特・孟岱爾登場。在一九五九年十二月美國經濟學會（American Economic

Association）年會期間，由國家科學基金會（National Science Foundation）舉辦的一場非正式宴會上，羅伯特和我初次見面。他比我年長九個月，比我早一年取得博士學位，更占優勢。更重要的是，他在一九六〇年於《經濟學季刊》（*Quarterly Journal of Economics*）發表轟動各界的論文〈固定與浮動匯率下國際調整的貨幣經濟學〉（The Monetary Economics of International Adjustment Under Fixed and Flexible Exchange Rates）[2]。我們發現，我們兩人有一些共同興趣。我問他當時在研究什麼，他說他在研究通貨膨脹和實質利率，我說我剛剛寫了一篇這個主題的論文。

我認為，孟岱爾在職業生涯這個階段的主要貢獻是，一九六〇年五月發表的這篇論文把凱因斯學派的就業理論擴展到一個開放型經濟。英國經濟學家約翰．希克斯把凱因斯的封閉型經濟理論予以數學化，得出投資與儲蓄—流動性偏好與貨幣供給模型（investment-saving and liquidity preference-money supply model，簡稱「IS－LM模型」），藉此決定利率及產出水準。孟岱爾在這篇論文中展示，可以把IS－LM模型擴展，用來描述一個**小型**的開放經濟體。在這個模型中，市場力量的運作使得這個經濟體系內的利率水準等於世界的利率水準，也就是國內外對於該國產出的總合需求，必須足以把該國的利率水準拉升至世界的利率水準，這個利率水準決定該國的產出與就業。因此，**國內**需求的增加**不會**提升產出與就業的話，「需求跑去哪裡了？」孟岱爾喜歡用誇張的言辭詢問。「去國外了！」他解釋，在這種情況下，刺激性財政政策不會奏效。

但**貨幣**刺激能奏效。增加貨幣供給將促使產出增加，直到利率被拉回世界水準。我對大學部學生講授總體經濟學時，總是喜歡展示只有ＬＭ曲線和以一條平行線代表世界利率水準的希克斯模型圖，然後請學生「討論」。最優秀的學生能看出，圖形顯示，在這種情況下，國內投資與儲蓄（亦即ＩＳ曲線）不會起作用。

十年後，孟岱爾的模型被擴大。他的研究所指導教授查爾斯．金德伯格邀請我參加一九六九年在葡萄牙阿爾加維（Algarve）舉行的國際經濟協會（International Economic Association）研討會，擔任孟岱爾的論文〈歐美之間的貨幣關係〉（Monetary Relations

Between Europe and America）的與談人。[3]孟岱爾在這篇論文中，把原先只有世界利率水準這個外生變數的小型經濟模型進一步擴大，描繪兩個大經濟體共同決定它們的利率水準。這是第一次有經濟學家向我們展示，兩國當中的甲國投資需求增加時，如何拉升兩個國家的利率水準；於是，甲國的產出與就業增加，乙國經濟體系中的投資卻減少。*

後來，孟岱爾在美國還有另一個相當重要的影響。二戰後，數十年間大多是繁榮發展，對於「流動性陷阱」（liquidity trap，因為利率太低，使得中央銀行無法再進一步降低利率）的擔憂減弱，因此能夠透過刺激性的財政政策**或**貨幣政策來控管總合需求。長久以來，凱因斯學派對於一個大型經濟體（大到足以有效成為一個封閉型經濟）中的經濟低迷，究竟應該透過中央銀行的貨幣政策（例如：訂定基準利率）來刺激，抑或財政部的財政政策（例如：制定預算赤字或預算盈餘的規模）來刺激，並沒有一致的共識。

孟岱爾的洞察無疑源自他的貿易理論背景：在某個層面上，財政工具相較於貨幣工具擁有「比較優勢」；在另一個層面上，貨幣工具相較於財政工具擁有比較優勢。他認為，這意味著**財政**工具（設定預算赤字或盈餘的規模）應該被用於穩定就業，而**貨幣**工具（設定基準利率）應該被用於穩定物價。他認為，若反過來使用財政工具與貨幣工具：一、試圖用更多的財政緊縮來穩定物價；二、試圖用更寬鬆的貨幣政策來穩定產出，都將徒勞無功，而且會引發超級通膨及蕭條。他不只一次指出，美國經濟顧問委員會（U.S. Council of Economic Advisers）遵循他所謂的「薩繆爾森—托賓『新古典綜合學派』」（Samuelson-Tobin 'neoclassical synthesis'），主張用低利率來刺激成長，用預算盈餘來吸走過剩的流動性以抑制通貨膨脹，這種政策將導致經濟失控。[4]

這是顯著偏離當時標準總體經濟思想的見解，而且非常有影響力。孟岱爾在一九九九年因「對貨幣政策與財政政策的分析」，單獨獲得諾貝爾經濟學獎，這套理論改變全世界的財

＊譯註：甲國投資需求增加，產出與就業增加，但同時也推升利率水準，因為兩國的利率相同；所以，乙國的利率水準也提高，這會抑制乙國國內的投資。

政政策實務。我打賭，如果孟岱爾回顧他的職涯，他一定很難忘懷一九八〇年前後那幾年，他在華府與其他地方努力讓他的政策獲得採納的激動感受。

一九七四年秋季，抵達哥倫比亞大學任教後，孟岱爾開始定期和一群尋求制定供給面政策以應付低就業率的學者會面。一群為數眾多的經濟學家（我也經常加入）每年在他夏天位於義大利西恩納的住家外聚會，闡述他們的思想。一九八〇年，雷根壓倒性的當選總統，開始說服國會立法大舉降低企業營利事業所得稅率（其他所得也以較小的降幅減稅），供給面經濟學引起大眾普遍的興趣，孟岱爾也成為知名人士。一九八四年的一期《紐約客》（*New Yorker*）雜誌採訪他，大談他的供給面經濟學。[5]在我看來，《紐約客》對孟岱爾的報導，可以媲美對二戰後幫助重振德國經濟的約翰．麥克洛伊（John J. McCloy），以及波士頓紅襪隊打擊王泰德．威廉斯的報導。

不過，新政策總是伴隨不確定性，也遭到反對，孟岱爾的政策組合當然是新東西。他陳述的政策並未清楚說明經濟將朝什麼方向前進、資本存量的發展趨勢如何，物價水準會到達什麼位置。此外，遵循這套供給面的政策組合，可能使經濟重返一條人們並不想要的成長路徑（供給面經濟學的數學公式全都是百分率的變化，而不是水準數值，這無法讓我們選擇最終目標；或者，更好的說法是，無法選擇我們想要供給面政策帶往的均衡成長路徑）。

我還有一個疑慮。誠如孟岱爾在諾貝爾獎獲獎演說中強調：「供給面經濟學……是基於一個政策組合，透過貨幣紀律（和透過財政手段）來刺激就業及成長，藉此穩定物價。」[6] 為了提振需求，貨幣當局要把實際和預期的通膨率降至一個適當水準；而且為了提振供給，財政當局要降低營利事業所得稅稅率，以提振企業的投資需求，或縮減公共支出以提高儲蓄供給。因此，不論哪一個層面，政策組合把資本存量推上更高的成長路徑，但在此同時，也有代價，那就是把公共債務推上更高的成長路徑。* 如同保羅．薩繆爾森所言：「使用適當

* 譯註：供給面學派主張降低稅率。雖然他們認為降低稅率會刺激投資，使總稅收增加。但也有很多學者認為，更大的可能性是降低稅率導致總稅收減少，從而導致公共債務升高。

的財政與貨幣政策，我們的經濟就能獲致充分就業和所想要的資本形成率。」[7]

但可能有個問題。當政府在預算平衡的時候開始這種操作，以促進資本存量的提升，但公共債務（或比一開始時擁有更多債務）會在財富與資本之間形成一道**阻礙**。結果是公共債務漸增，導致資本與財富之間的差距漸增，使利率的降低（因而讓薪資的上漲）減緩。

不過，在美國，雷根政府似乎相信，企業營利事業所得稅的稅率可以長期保持在大幅降低的水準，藉此支撐投資率的升高，進而使資本存量成長更快。但是，伴隨而來的公共債務增加會打消這種信念；只不過，當時並不理解這點，現在也不理解。

對於供給面學派思想，支持或反對的論述或許很多，但很顯然，可以預期企業營利事業所得稅稅率的大幅降低，只會促成一次性的資本存量成長，不會有任何持續性的成長率增加，而且這樣做也有成本。持續性的低營利事業所得稅稅率造成的稅收減少，總是得有其他稅收來彌補，若想藉由提高**薪資所得**稅稅率來彌補這些稅收的損失，可能會出問題，尤其是在這些稅率已經高到滿足社會需求的水準時，大多數（甚至全部）的經濟參與者恐怕不願意為了提振資本供給而壓抑勞動供給。

一九八〇年代的某天，孟岱爾和我共進午餐，在討論他的供給面理論時，我提到一種看法：持續的財政赤字會導致公共債務升高，在人民財富相對於國民所得增加的同時，將使得國民儲蓄相對於國民所得降低，最終導致資本存量相對於國民產出**降低**。我認為，這使得供給面學派的理論（以財政赤字融資來降低營利事業所得稅，促使資本存量的增加帶來淨效果）是有問題的。

孟岱爾只回答：「有那些債券啊。」我不知道他是否認為我的觀點有道理[8]（他常喜歡不把話說清楚）。

當然，雷根政府減稅後發生的情形就能證明一切。一九八〇年代，經濟確實復甦，但就算不減稅，歷經一九七〇年代的種種衝擊（包括石油危機、貨幣變革、街頭暴動）之後，本來就可以預期一九八〇年代將迎來經濟復甦（投資支出有增加得更多，或者甚至有像消費支出增加得那麼多嗎？並沒有。整個一九八〇年代，投資占GDP的比例呈現降低趨勢，消費占ＧＤＰ的比例呈現上升趨勢）。川普的減稅效果提供更多的證據。二〇一七年至二〇一九年期間，經濟從繁榮到大好，但投資占ＧＤＰ比例的增加幅度，不如消費占ＧＤＰ比例的增加幅度。

新古典經濟學派的勝利

在總體經濟理論裡，要了解薪資、價格與就業變化，「預期心理」相當重要，這套理論在一九八〇年代被快速接受。我在一九六〇年代後半期開始發展一套理論：當景氣轉弱時，一家廠商如果預期其他廠商不會大幅砍價或大幅降低薪資，那麼，這家廠商也不會這麼做（因此，薪資就算會調整，速度也相當緩慢）。這套理論打從一開始就獲得支持，畢竟，凱因斯學派沒有理由不接受這套個體經濟理論的基礎（雖然有些人視之為異端）。它有時被稱為新興凱因斯學派經濟學（New Keynesian Economics）。

但是，源於芝加哥大學的新古典經濟學派（New Classical Economics）也在一九七〇年代開始獲得支持。這派學派的領袖羅伯特．盧卡斯在那些年發表三篇論文，論述廠商及個人抱持經濟學家約翰．穆斯（John Muth）所說的「理性預期」（rational expectation），透過一個適當的數學模型分析，可以算出個人及廠商所抱持的預期。這個假定使得以下論點沒有成立的空間：廠商在訂定這一季或這一年的價格或薪資時，將系統性的低估其他廠商降低價格或薪資的幅度，從而導致它們本身的價格或薪資降低幅度，比它們在消息完全靈通之下會做出的降低幅度還低。諷刺的是，盧卡斯這些論文中的第一篇[9]，就以我在《就業與通貨膨脹理論的個體經濟基礎》一書前言中使用的「島嶼經濟」（islands economy）寓言為基礎。*

我先前深入研究過法蘭克．奈特一九二一年出版的《風險、不確定性與利潤》、凱因斯

*譯註：一個島嶼的工作者必須決定是否接受當地市場的薪資；若不接受，就得去另一個島嶼找工作，在找工作期間，忍受自願性失業。

一九二一年出版的《機率論》（*A Treatise on Probability*）、一九三七年發表的論文〈失業的一般理論〉（The General Theory of Unemployment），以及海耶克一九四八年出版的《個人主義與經濟秩序》（*Individualism and Economic Order*），但我無法理解盧卡斯的思維。

我可以贊同一點：對於廠商們經常經歷的景氣衝擊，若一家廠商長年觀察其他廠商所做出的反應程度，那麼，這家廠商可能很快學到這些反應，它遲早會開始根據這些反應來做出調整。但是，在新古典經濟學派的世界裡，這類學習全都已經發生，所有廠商已經知道基本作用力。我認為，在真實世界裡，一個國家的經濟通常並非走在正確預期（起碼是無偏見的預期）下的均衡途徑；我認為，排除新發展的情境之後，一個國家的經濟是一種隨著經濟演進而學習正確預期的過程。一九八三年出版的《個體預測與總產出：檢視「理性預期」》（*Individual Forecasting and Aggregate Outcomes: "Rational Expectations" Examined*）對此有更多的探討。這本書是我跟志同道合的現代經濟學倡導者、多年友人羅曼・弗萊德曼在紐約大學舉辦的研討會論文合集。[10]其中，我特別感興趣的是羅曼撰寫的兩篇論文，瑪格麗特・布瑞

（Margaret Bray）撰寫、羅伊・拉德納（Roy Radner）擔任與談人的一篇論文、以及胡安・卡羅斯・迪塔塔（Juan Carlos di Tata）撰寫的一篇論文。並非只有羅曼和我抱持這個觀點。

我的結論是，盧卡斯與他的合作夥伴展示的是，在穆斯的「理性預期」前提下，可以得出一些有趣的結果。但是，他們的論點並未反駁在奈特不確定性（這種不確定性會因為全新的變革力量而大幅增加）的世界裡，價格與薪資的制定者在做決策時，會使用猜測或直覺來推測別的廠商決策。反觀一九六〇年代末期的個體基礎，**確實**提供一個實用的短期景氣波動理論。

這是我首次被捲入經濟理論之戰。一八八〇年代出現過這樣的論戰：一邊是以古斯塔夫・馮施莫勒（Gustav Schmoller）為首的德國歷史學派（German Historical School），主張經濟學應該聚焦於研究分析歷史與經驗；另一邊是以卡爾・門格爾為首的奧地利經濟學派，主張經濟學應該側重經濟理論，這是所謂的「方法學論戰」。最終，主張側重理論的陣營勝出，這得歸功於萊昂・瓦爾拉斯、阿爾弗雷德・馬歇爾及努特・維克塞爾等人奠定的新古典經濟學派出現根本性的進展。一九二〇年代和一九三〇年代爆發另一場論戰：由約瑟夫．熊彼得、歐文．費雪和亞瑟．皮古領軍的新古典學派的地位，漸漸不如法蘭克．奈特、凱因斯和海耶克等現代派理論家。這種發展與一、二十年前威廉．詹姆斯（William James）和亨利．柏格森在哲學領域引發的爭論相似。我在一九六〇年代提出有關預期形成的論述，並以此建立一個個體—總體理論，再加上一九六九年一月的個體基礎研討會上的進一步論述，這些構成一個新的個體—總體理論。或許，最好的名稱是「新興現代派」；奈特、凱因斯及海耶克等人則是「第一代現代派」。

盧卡斯及其他人在一九七〇年代提出的論述所建立的個體—總體理論，常被稱為「新古典經濟學派」，他們勇敢的把古典理論推廣應用於經常受到已知機率的波動所干擾（因此基本上不會超出古典學派適用情況）的經濟體。我當然對他們得到的結果感興趣，但我相信，一般而言，假定模型中所有行為者的預期是「理性的」（因此他們使用跟分析師們採用或建構的相同模型），這實在太不切實際，所以，仰賴這類模型的結果是很危險的。我很慶幸可以在奈特、凱因斯及海耶克的領域深入研究。

我很遺憾，聽說新古典經濟學派曾經迂迴的暗示，我及其他認為經濟體系中存在顯著不確定性及不充分資訊的理論家建立的一套經濟模型，不如他們的模型那般周延，因此不切實際，或至少不如他們的模型那麼實際。所以，他們似乎認為可以安心的拋棄其他理論，只採信他們模型裡的古典觀點。在我看來，新古典學派堅持的「理性預期」，顯示他們根本不了解現代經濟。現代經濟的核心正是由現代人的判斷、直覺及想像力所驅動。

但重要的是，新古典經濟學派成為經濟理論教學和美國許多政策制定圈子思維的主流。在牛津大學學習的萊納·馬塞拉（Rainer Masera）最近告訴我，提出簡單ＩＳ－ＬＭ模型、使大家能夠理解凱因斯理論的經濟學家約翰·希克斯，對於新古典經濟學被廣為接受非常生氣（萊納說，希克斯以為，在美國，我是「唯一」反對新古典經濟學派理論的人）。

我和其他人一直發現，經濟學術期刊的編輯只願意刊登採用前提與得出結論跟當前流行、被視為最科學的思維的文章，而不願意發表與這些思維相悖或陌生的文章。這種心態產生的嚴重代價是阻礙新理論的發表，因而延緩這個領域的進步，打擊新理論的形成與宣揚，鞏固當前流行的思想，不論那樣的思想有多麼不當且誤導。在柏林舉行的二〇一八年全球解決方案研討會（Global Solutions Conference）上，我偶然遇到一個專題討論小組，經濟學家喬治·艾克羅夫（George Akerlof）在這小組中發表談話，強烈譴責經濟期刊被當前流行的經濟思想的領袖把持；另一位經濟學家詹姆斯·海克曼（James Heckman）也針對這個主題發表談話。[11]身為與會者，我也表達我對此狀況的長期不滿。

撰寫政治經濟學教科書

一九八〇年代上半期，我持續和供給面學派辯論，以及研究新古典學派的新論文，同時我幾乎完全投入在撰寫一本教科書。諾頓出版公司（W. W. Norton）和我簽約，撰寫一本入門級的經濟學教科書，我拖了十多年還未動筆（諾頓的董事長唐納德·蘭姆〔Donald

Lamm〕是我的好友；有一天，他告訴我，董事會會議開始討論拖稿最久的作者，我已經升到第二名，僅次於莎莉．麥克琳〔Shirley MacLaine〕）。

當時的確是撰寫一本新教科書的適當時機，保羅．薩繆爾森撰寫的主流入門《經濟學》（*Economics*）教科書初版是在一九四六年，比我當時正在撰寫的教科書早了近四十年。他的教科書很出色的闡釋那個年代的主要情況與課題，尤其是就業方面的決定，但後來的四十年間，經濟學已經有很大的進展，我覺得應該向大學生提供更新、更廣的經濟學介紹。

這是一件艱巨的工作，尤其是因為我想做得很好。在我看來，這意味著先談個體經濟，接著談市場經濟、「經濟正義」、個體─總體理論、以及其他令人興奮的發展。我在這本書的前言裡解釋：「這些基本知識為政治經濟學這個主題打下基礎，包括經濟制度與公法的選擇、社會可用來協調和獎勵經濟參與者的政策。」[12]這本書聚焦於古典學派的市場捍衛者和後古典學派的市場批評者之間的辯論，後者主張以密切的政府干預來取代或修正市場缺失。這本書也清楚敘述新古典經濟學派和新興凱因斯學派對貨幣經濟學和就業波動的討論。

在這本書，我偶爾會偏離傳統思想。其中一個偏離傳統思想的部分與非金錢性報酬有關：如同經濟學家繆達爾所言，「我們難以低估非金錢性報酬的重要性，……創造任何事物……幾乎對所有人都有很高的價值」[13]。

另一個偏離的看法與工作有關：多數人不會想要沒有工作的人生；對他們而言，工作是「效用」的一個來源，這也是經濟學家托斯丹．韋伯倫（Thorsten Veblen）和阿爾弗雷德．馬歇爾的看法。還有一個脫離傳統教科書的內容是，有一整章在說明約翰．羅爾斯的公平概念、蕭伯納（Bernard Shaw）和理查．陶尼（Richard Tawney）的平等主義，以及邊沁的功利主義。

我從一九七九年開始規劃這本教科書，當時我以實驗性質開了一門經濟學入門課；一九八〇年一月在布宜諾斯艾利斯和里約熱內盧開始撰寫；後續三個暑假在德國的曼海姆（Mannheim）和慕尼黑繼續寫；一九八四年暑假在義大利菲耶索雷（Fiesole）和紐約撰寫完成。

接近夏末，我把完稿交給諾頓出版公司時，我發現在〈合作的好處〉（The Gains from Cooperation）這一章（合作的主要好處來自貿易與競爭優勢）沒有談到令我不安的一個層面：一國的貿易對所得分配（亦即薪資率及其他收入）的影響。「李嘉圖沒有探討一個棘手問題，」我寫道：「所有從事衣服生產的葡萄牙人，會因開放貿易而受益嗎？所有從事葡萄酒生產的英國人福祉都會提高嗎？」[14]我對這些分析很感興趣，花了好幾個月在這上面，導致這本教科書的出版時間持續延後（我的同事羅伯特・芬斯特拉〔Robert Feenstra〕對這個主題有進一步的研究）。

這本教科書被幾所學校採用，大多是歐洲的學校，包括斯德哥爾摩經濟學院（Stockholm School of Economics）的拉斯・柏格曼（Lars Bergman）多年來使用這本書。我撰寫這本書時擔任助理、後來任教於阿姆斯特丹大學的艾力克・巴特泰爾斯曼（Erik Bartelsman）長年支持這本書；劍橋大學學士學位班三部課程中的第一部分、鹿特丹伊拉斯謨大學（Erasmus University in Rotterdam），以及巴黎政治學院（Institute d'Etudes Politique de Paris，由法國經濟學家雅各・勒・卡喬〔Jacques Le Cacheux〕翻譯）也採用這本書。然而，這本教科書並未被廣為採用，尤其在美國，經濟學教師認為這本書太自以為是或艱澀，讓我很難過。

但這並不要緊，我撰寫這本書不是為了讓大批大學生熟悉當代經濟的特點。這本書比較像是涵蓋政治經濟學（或簡單說是經濟學）領域精采進展的選集。對我而言，這本書表達的是我非常開心自己對這些領域做出貢獻。這項花費四年計畫是出於愛好而做的事。

六月中旬，我在義大利銀行（Banca d'Italia）第一時間收到這本教科書時，忍不住不時的休息片刻，閱讀書中片段。我很開心見到我很重視的一些學者對這本書給予好評。約翰・羅爾斯手寫的一封信淨是讚美，可惜，這封信在一次辦公室的意外事故中遺失了。據說，一九八六年的美國經濟學會年會中，詹姆斯・托賓在教科書討論群組中稱讚這本書是自歐文・費雪在一九一一年出版的《經濟學基本原理》（*Elementary Principles of Economics*）以後最棒的一本教科書。迄今，這本教科書仍然是我引以為傲的著作。

為什麼美國經濟復甦，歐洲經濟卻衰退？

一九八五年至一九八六年我休假一年（並使用古根漢獎學金）。我的第一站是在義大利銀行擔任半年的訪問學者。此前，我在聖保羅舉行的一場研討會上遇見義大利經濟學家魯易吉．史帕文塔（Luigi Spaventa），他後來告訴當時義大利銀行的第二把交椅、主導義大利加入歐元區的湯瑪佐．帕道．史奇歐帕（Tommaso Padoa-Schioppa），我很樂意接受邀請（魯易吉和他的太太克萊兒．羅伊斯〔Clare Royce〕後來成為我的好友；湯瑪佐與同為經濟學家的太太菲奧瑞拉．科斯托里斯〔Fiorella Kostoris〕也是）。

一方面，當時義大利的情況很糟糕。手段殘忍的赤軍旅（Red Brigades）處於武力巔峰期，他們不久前才在佛羅倫斯綁架並處決前義大利總理艾爾多．莫羅（Aldo Moro）。我抵達的數週前，他們在義大利銀行後面的停車場暗殺經濟學家艾齊歐．塔蘭特利（Ezio Tarantelli），他和我本來期待可以就一些主題進行辯論。我在六月中抵達時，義大利銀行的保安措施是我見過最嚴密的。大約一年後，有份暗殺名單曝光，上面包含一些經濟學家。

不過，當時的羅馬也正值最輝煌的時期。我們住在帕塞羅路（Via Paisiello）上名為「帕廖里」（Parioli）的城區，距離波格賽林園（Villa Borghese）與國際計量經濟學會（International Econometric Society）在一九六五年舉行首屆世界大會的王子公園飯店（Hotel Parco dei Principi）不遠。我在一九五二年的歐洲行時，曾在帕廖里城區待過一晚，但時隔三十多年，那裡的生活已經改變。你可以感受到當地人民的活力，我看到一位年輕女性匆匆從一間商店出來，發動她的摩托車，快速飆走。羅西尼路（Viale Rossini）上有一長串的戶外餐廳，人們總是活潑、愉快的交談著。

但是，這個國家的景氣低迷，甚至整個歐洲經濟共同體（European Economic Community）都是。一九八五至一九八六年間，義大利的失業率飆升至一二・八%，遠高於一九七四至一九七九年間（以及一九六〇至一九六七年間）的五・七%。歐洲經濟共同體的九個國家在一九八五至一九八六年間的失業率達一一%左右，高於一九七四至一九七九年間的四・六%。這是**嚴重的**經濟衰退時期，直到二〇〇七至二〇〇九年間全球金融危機時期，才再次見到如此嚴重的不景氣（柴契爾主政時，英國失業率從之前的四・三%飆升至一二・一%，並未比義大利和歐洲經濟共同體的情況糟糕多少；或許，她的整體政策與決策並不是英國那十年陷入糟糕窘境的原因）。

反觀美國的失業率並沒什麼升高。一九八五至一九八六年約七・〇%，跟一九七四至一九七九年間的六・八%差不多（一九六〇至一九六七年為五%）。或許，值得一提的是，美國的失業率曾在一九八二至一九八三年短暫上升至九・六%，但一九八四年降回到七・五%。

可以說，美國已經走出一九七〇年代的經濟低迷，歐洲則正從一九六〇年代開始的二十年榮景，**步入**一九八〇年代的衰退。歐洲的發展方向相反，使人們對凱因斯學派更加困惑，因為在凱因斯學派的理論中，套用約翰・甘迺迪的話：「水漲時，所有船都升高。」因此，一般會預期，美國經濟復甦，歐洲經濟也會跟著繁榮，而不是衰退。我當時納悶：什麼事件與機制能夠解釋在美國經濟復甦的同時，歐洲經濟卻陷入低迷呢？

身處羅馬，尤其在義大利銀行，有利於我思考這個疑惑。義大利經濟學家史特凡諾・米柯西（Stefano Micossi）教我很多有關義大利經濟的事。當我想做研究時，魯易吉・圭索（Luigi Guiso）和羅倫佐・比尼・斯馬吉（Lorenzo Bini Smaghi）很樂意的擔任研究助理。羅馬大學（Sapienza University）的魯易吉・史帕文塔、馬塞洛・迪塞科（Marcello De Cecco）、吉奧凡尼・特里爾（Giovanni Tria）等人都成為我的好友。

我的觀察，以及歐洲的資料，都沒有指出有任何國內衝擊重要到導致嚴重的不景氣，但有一個外部衝擊相當大：雷根政府一九八一年對企業營利所得稅的減稅法案。先是預期會減稅，後來真的實行減稅，引發金融圈廣泛討論一九八〇年代的投資需求刺激程度。

這種結果是當時的經濟學家很熟悉的凱因斯學派理論：在兩個國家、浮動匯率的世界裡，假如因為A國的企業營利事業所得稅減低而導致投資需求增加，會在該國國內形成超額需求，使得A國貨幣升值、B國貨幣**貶值**。B國貨幣貶值使得該國的出口需求增加，因而帶動總合需求和就業增加。簡言之，本國的總合需求增加會導致超額需求，提高世界的利率水準，進而導致外國的投資與就業減少。

我懷疑，美國的營利事業所得稅減低，是否還會透過**其他**方式對歐洲的經濟造成負面影響？我知道，在歐洲大陸，許多經濟學家傾向找出某種版本的古典經濟學，來解釋歐洲的經濟低迷，從一九〇〇年代初期的努特・維克塞爾和歐文・費雪，到一九二〇年代和一九三〇年代初期的皮古和法蘭克・拉姆齊。我了解，在古典理論中，若勞動生產力下滑至低於它的均衡路徑（亦即當談判提高實質薪資時的期望路徑）時，失業率會上升至高於**它的**期望路徑，導致就業率降低或至少減緩。但我不是很清楚導致歐洲勞動力需求降低的可能原因。

可以想像，一些凱因斯學派的理論或許能解釋歐洲的經濟低迷。例如，會不會是美國的減稅（以及預期減稅）驅動世界的利率水準提高，進而導致歐洲的投資需求降低、就業也減少？那些經濟體並未享受大到足以抵消利率上升影響的減稅（就算不是反凱因斯學派的人，也能做出這種推測）。

在義大利銀行的訪問快結束時，我開始使用我和西德尼・溫特為一九六九年的研討會撰寫、後來收錄於《就業與通貨膨脹理論的個體經濟基礎》一書的論文裡提出的顧客市場模型來思考。儘管，在義大利銀行研究期間，我的這些思考並沒有產出一篇論文。[15]

美國減稅如何影響歐洲經濟？

那年九月，標示著嶄新的前景即將到來，也瀰漫著告別的感傷。我看出我明年夏天會再回來，甚至之後的許多夏天也可能會重返這裡。春天時，吉奧凡尼・特里爾前來造訪哥倫比亞大學，他告訴我，義大利那邊有興趣邀請我到隔年開始招生的羅馬第二大學訪問，負責成立經濟系的魯易吉・帕加內托（Luigi Paganetto）很快確認對於這個提議很感興趣。帕加內托後來載我去這所當時還在興建中的羅馬第二大學，巡視塵土飛揚的基地，並介紹我認識該校校長恩立柯・加拉西（Enrico Garaci）。

我和太太薇薇安娜舉辦一場盛大宴會，向我們在羅馬的許多友人道別，這些友人包括：湯瑪佐及太太菲奧瑞拉、魯易吉・史帕文塔及太太克萊兒、史特凡諾・米柯西及其太太丹妮拉（Daniela）、魯易吉・帕加內托及太太絲特凡妮雅（Stefania）、馬塞洛・迪塞科及太太茱莉亞（Julia），還有許多人。宴會上，馬塞洛拿出吉他，邀請我唱〈公主徹夜未眠〉（Nessun Dorma）。歐元之父之一的湯瑪佐把我拉到一旁，告訴我，他為何認為歐元對於已被通膨困擾數十年的義大利而言是個福音（一些人認為，歐元將導致投資從低報酬經濟體移向高報酬經濟體，如此一來可能對義大利有不利影響）。

一九八五年十月，我離開義大利銀行後，前往歐洲大學學院（European University Institute）待了近一年。這個機構是社會科學學者的香格里拉，位於佛羅倫斯山丘上的菲耶索雷。抵達這裡後，我立即繼續先前探索的問題：美國的減稅是否可能導致歐洲的經濟不景氣。我和法國經濟學家尚保羅・菲圖西（Jean-Paul Fitoussi）進行很多次討論。菲圖西任教於巴黎高等政治學院（Sciences Po），並主持姊妹機構法國經濟瞭望台（French Economic

Observatory），他經常到歐洲大學學院授課及做研究。我是之前夏天造訪這裡及菲耶索雷時與他結識。

我進一步思考西德尼．溫特和我在一九六九年合著那篇有關「顧客市場」的論文，我開始看出，雷根的減稅對歐洲經濟所造成的衝擊：歐洲企業面臨的實質利率提高，美元升值，提高美國競爭者的價格（歐元計價的價格），促使許多歐洲企業的產品漲價，因而導致產出與就業的減少。菲圖西和我於一九八六年在布魯金斯研討會上發表一篇論文，提出以下看法：

美國的政策衝擊對歐洲的影響包括顧客市場的漲價、資本財的實質價格增加、以及資本需求的增加……這又進一步嚴重衝擊歐洲的就業……在這當中，廠商預期的實質利率可能是最主要的衝擊來源……一九八一至八二年間，美國和歐洲的實質利率上升至歷史新高水準……這主要歸咎於美國的財政刺激，尤其是新的投資補貼……我們認為，實質利率及預期實質利率的大幅上升，導致歐洲企業增加產品的漲價幅度，因為利率上升，它們為了提高或維持市場占有率而抑制現行價格，犧牲目前現金流量的「投資」機會成本提高。歐洲沒有重要的需求刺激來抵消這樣的衝擊，但價格提高的結果是歐洲的就業率下滑。[16]

接下來的一九八六至一九八七學年，菲圖西和我在極大壓力下努力撰寫一本小書《歐洲的景氣低迷》（*The Slump in Europe*），由牛津的小出版公司巴茲爾布萊克維爾（Basil Blackwell）於一九八八年出版。雖然這本書並未廣為流傳，不過其中的論點被許多總體經濟學家討論。但重要的是，菲圖西和我成為最親近的友人，我們密切往來，直到他於二〇二二年四月十五日突然辭世。我太太和我每年造訪巴黎，幾乎已經變成菲圖西及他太太安妮的家族成員了。

跨出凱因斯學派理論

我身為經濟理論家的旅程已經踏出另一步。在為凱因斯提供一些個體基礎後，我在沒有拋棄凱因斯—希克斯—托賓的學說之下，踏出非凱因斯學派理論的一步。

最重要的是，我在一九八〇年代結束前，提出一個出人意外的想法，並且重拾身為一個經濟理論家的信心。在中國廣州舉行的一場研討會結束後，我搭乘巴士時，注意到印度經濟學家阿馬蒂亞．沈恩獨自一人坐著。我跟他聊天，他問我最近做什麼研究。我有點傷感的說，我已經煩惱好一段時日了，長期沉浸在撰寫教科書後，我怕自己不會再有更多的新想法。阿馬蒂亞聽了之後大笑，說：「只有你會這麼想！」

其實，我已經有了另一個新想法：若稅率之類的非貨幣作用力和實質利率之類的實質價格，導致歐洲的失業率升高，有沒有可能存在更廣泛的實質力量及管道在發揮作用，導致失業率增減呢？我發現我走入一個新假說：結構性衰退。

第六章

革命性的十年

一九九〇年代是樂觀的時代，極富挑戰性與建設性。蘇聯解體使冷戰結束，也迎來東歐許多地區的徹底改革。資訊技術革命和網際網路時代的誕生點燃人們的希望，大家期盼這些進步將使西方國家重返快速成長，即總要素生產力（total factor productivity）的成長。歐洲經濟的持續低迷提醒我們，對於失業的影響與決定因素的了解，我們可能有很大的缺失。最弱勢者維持相當低的薪資，令人懷疑是否有方法可以解決這個問題。

東歐經濟體的巨變

在這段期間，共產黨政府垮台，民主政府崛起。首先是一九八九年八月左右的波蘭、匈牙利和捷克－斯洛伐克；接著是一九八九年十一月柏林圍牆倒塌後的東德；然後一九九一年聖誕節，蘇聯解體後成為一個民主國家，追求建立一個更接近市場經濟的體制。這些構成經濟史上最重大的發展之一。對於我這樣一位在美國成長與發展的經濟學家而言，杜魯門時期的財政盈餘、尼克森終結金本位制，以及雷根的減稅，堪稱這個國家的高潮，這是我目睹過最令人振奮的政府部門發展。

當時，我並不知道，我很快就會在這段發展中扮演某個角色，姑且不論這個角色有多小。一九九〇年七月，一群西方國家的領袖在德州休士頓集會，他們請求國際貨幣基金（International Monetary Fund）、經濟合作暨發展組織（Organization for Economic Cooperation and Development）、國際復興開發銀行（International Bank for Reconstruction and Development）、以及即將設立的歐洲復興開發銀行（European Bank for Reconstruction and Development）四個國際組織組成專家團隊，與積極重組國家經濟的俄羅斯人開會。在歐洲復興開發銀行行長雅各·阿達利（Jacques Attali）的要求下，菲圖西和他招募的肯尼斯·阿羅、約翰·弗萊明（John Flemming）、菲利浦·阿吉昂（Philippe Aghion）、以及我在九月前往莫斯科，共同肩負成立新的國際開發銀行的任務。我永遠忘不了登上從紐約甘迺迪機場直飛莫斯科的班機時那股興奮感。

聽到俄羅斯人和我們開會，商討研擬中的計畫，感受到他們的活力，真是很棒的一件事。有一場會議令我們印象深刻：一位與會的俄羅斯人將他的目標鏗鏘有力的告訴我們，以及他所看到的周圍阻礙。「現在，我們終於可以提出構想了，」肯尼斯大喊：「那些推翻獨裁者的革命者一定很了不起。」我們在規劃、重建俄羅斯經濟的同時，在當地的生活大致如常。我們晚上去莫斯科大劇院（Bolshoi Theater）觀賞穆索斯基（Modest Mussorgsky）的歌劇《鮑里斯．郭德諾夫》（Boris Godunov），這是肯尼斯特別喜愛的作品。最後，我們向歐洲復興開發銀行提出的報告被收錄在一份大型報告裡，呈給支持這項倡議的老布希總統（George H. W. Bush）和其他國家領袖。

一九九〇年秋天，這個任務小組的大多數成員都加入新成立的歐洲復興開發銀行科學委員會，委員會成員還包括亞諾斯．柯爾奈（János Kornai）、阿薩．林貝克（Assar Lindbeck）、魯易吉．史帕文塔、克里斯蒂安．馮魏茨薩克。

他們請肯尼斯和我撰寫一篇論文，闡釋一個國家選擇資本主義為其經濟制度，並且在產生適當的重分配與競爭之下將獲得哪些好處。這篇論文將是歐洲復興開發銀行應七大工業國要求所提出的「蘇聯經濟共同研究」一部分，於一九九一年二月發表。[1]

這篇論文開頭寫道：「每一個經濟體……都是資訊傳送系統，這些資訊會影響這個經濟體進行資源分配的決策者……」這是肯尼斯珍視的觀點，能夠充分表達我們的意旨。但用來描述十九世紀初英國和十九世紀中期美國的資本主義經濟，就太過狹隘了。[2]我們首先說明市場化的角色，包括產權以及改革者巧妙取名的「價格自由化」（這點進而衍生出「獨占」的問題）；亦即一個市場經濟的範疇（俄羅斯的沙塔林計畫〔Shatalin Plan〕設想：「七〇%的經濟擺脫中央政府控管，由市場機制來決定。」[3]）

接著，我們闡述「對民營化適度監管」的重要性，我們寫：「蘇聯似乎毫無疑問的清楚小型企業私有化的優點，可以確定，蘇聯的經濟學家了解，公寓或卡車或餐廳等事業的資產若由私人擁有，將會被照料得更好，因為管理不當的後果將由私人承擔。」[4]但是，我們繼續寫：「他們似乎不太了解，藉由一個或一群私人業主持有部分股權的方式實質掌握一家企業，從理論來看有什麼優點。」5

當然，這全都是資本主義的東西。只不過，我們沒有使用「資本主義」一詞。我讀過路德維希．馮米塞爾（Ludwig von Mises）在一九二二年出版的《社會主義》（*Socialism*），書中精闢的批評與闡釋為何社會主義行不通，也讀過海耶克在一九四四年出版的《通往奴役之路》（*The Road to Serfdom*）書中對統合主義的尖銳批評。當時，我呼籲東歐經濟體採行資本主義，對此，我並無疑慮或不安；但肯尼斯感覺如何，我就不確定了，我不需要擔心這點。雖然，對於我提出要因為經濟正義而課稅，以及利他主義的論點，他和我有歧見，但我們對於「適度監管及適度課稅」的資本主義觀點相當一致。

接下來的那個學年，大部分時間我都在思考資本主義。一九九二年八月，我接下在歐洲復興開發銀行的新總部擔任一年顧問的邀請，主要工作是為新成立、由牛津大學經濟學家約翰．弗萊明管理的經濟學部門所出版的年報擔任編輯。我的主要職責是撰寫一篇有關重建東歐經濟的論文。我以為，在歐洲復興開發銀行的所有人，都有志於幫助東歐人看出將經濟體轉變成運作良好的資本主義的優點，但或許並非所有人都知道所有標準論點，我們甚至連資本主義的明確定義都無法廣泛達成共識。

有一次，我和在波蘭經濟中建立資本主義要素的傑出人物勒謝克・巴塞羅維奇（Leszek Balcerowicz）聊天。我問他，資本主義的核心是什麼？他大聲說：「資本為王！」我想他的意思是，在資本主義下，資金供給者透過對創新和擴張的投資來選擇企業，在某種意義上，藉此來決定經濟的走向，可以說，就像指南針一樣，不論風把它吹得多遠，指針的方向都不會改變。某層意義上來說，確實沒錯；不過，資金擁有者得投資於迎合消費者的事業才會成功。但我知道，不可能、也沒必要一一講明資本主義經濟中的所有作用力、活動和關連性。某種程度上，巴塞羅維奇熱切表達的是充滿活力的資本主義經濟。馬克斯・韋伯（Max Weber）在《新教倫理與資本主義精神》（*The Protestant Ethic and the Spirit of Capitalism*）中提到的「精神」則顯得較溫和，但韋伯也知道，資本主義經濟的成功，就算是最基本程度的成功（例如，跟上熊彼得所說的「機會」），也需要參與者的「熱情」（zeal，套用瑞典經濟學家古斯塔夫．卡塞爾〔Gustav Cassell〕的貼切用詞）。

我花了超過一年的時間為歐洲復興開發銀行撰寫這篇論文，過程中得到來自其他人的無數貢獻和意見。最終，我在一九九三年八月離開這家銀行，在返美前夕完成這篇論文。但後來，事情出現奇怪的轉變。我返回紐約已有好些時日，並利用休假年在羅素塞吉基金會（Russell Sage Foundation）做研究。有天，我接到約翰．弗萊明從歐洲復興開發銀行打來的電話，他說銀行那邊正在開會審核第一本年報的各篇文章，該銀行的副行長要求拿掉我的文章。理由是：我們銀行不應該站在倡議資本主義的立場。我表達我的憤慨後，同樣感到錯愕的弗萊明提議，把我的文章放在年報的附錄裡，儘管，這樣的處理方式不合理。[6]我同意了，然後，銀行的委員會也批准了。這個意外發展，使我懷疑歐洲大陸的政治經濟意向是否遠比我猜想的更為分歧。

我捨不得離開在倫敦的樂園，比一九六六年八月那次更加不捨。我和太太住在南肯辛頓（South Kensington），我有鑰匙可以進入昂斯洛廣場（Onslow Square）裡的公園，我經常去那裡慢跑。我們在哈洛德百貨公司（Harrods）購物，喜歡附近的披薩館子，還有一家很棒的餐廳，雖然後來已經歇業了。弗萊明和他的太太邀請我們去牛津。午餐後，我們和經濟學家伊安・利托（Ian Little）一起散步幾小時。利托是個謙遜穩重的人，很有見地的一位經濟學家，二戰期間是對抗德軍戰機的英國空軍噴火戰鬥機（Spitfire）和自轉旋翼機的飛行員（邱吉爾〔Winston Churchill〕曾形容這些飛行員「從來沒有那麼少的人對這麼多人做出如此大的貢獻」）。

七月二十六日是我的六十歲生日，薇薇安娜在倫敦多切斯特飯店（The Dorchester London）舉辦一場很小型的晚宴，我們和賓客們在陽台上觀看雨後的日落，一道美麗的彩虹橫跨海德公園。我忍不住想：雖然，截至目前為止的人生，我過得非常好；但或許，最棒的還在後頭呢。

失業率背後的結構性作用

接近一九九〇年代時，我再次關注總體經濟學領域。吸引我的不只是歐洲景氣低迷，這個現象用凱因斯－希克斯的封閉型經濟模型、以及凱因斯學派的孟岱爾－弗萊明開放型經濟模型都無法解釋。[7]我覺得，有一個非貨幣作用力的世界（結構性轉變和實際條件的變化）影響失業率，但它們不是透過總合需求發揮作用。因此，我認為，是時候拓展我們看待總體經濟活動的視野。

我從不懷疑凱因斯學說的正確性，現在也是如此。凱因斯學說認為，其他條件不變下（羅馬人說的「ceteris paribus」），總合需求減少將導致失業增加，總合需求增加將使失業減少。我不僅從未否定凱因斯理論的可信度，我還對它提出一項個體理論的支持：總合需求降低時，一家廠商若不清楚勞動市場上其他競爭者會不會降低它們的薪資（即「資訊不完全」現象），就不會冒險降低它的薪資（凱因斯只闡釋名目薪資率的向下僵固性和名目價格的向上僵固性）。[8]若我不贊同所有為了刺激總合需求而提議的政策，並不是因為我懷疑需求不足的可能性。凱因斯本人似乎也很生氣那些以「捍衛凱因斯學說」為名、但其實他並未支持的政策提案；他在人生的最後幾個月、即一九四六年六月出刊的《經濟學雜誌》（*Economic Journal*）中寫道：「現代主義思想出了些問題，變得糟糕且愚蠢。」[9]

整個一九七〇年代和一九八〇年代，我一直認為我的個體—總體理論是我的顛峰之作，是截至當時為止我最重要的論文。一九六〇年代我和西德尼．溫特合撰的那篇關於「顧客市場」的論文，以及我和羅伯特．波拉克合撰的那篇關於「最適儲蓄」的論文也很重要。但是，不論那些論文有多重要，它們之中沒有一個需要大量的理論想像力，亦即它們並不是真正的開創性作品。它們對一個國家的經濟提出一些新觀察與洞察，令人相當滿意，但它們並未對一個國家的經濟提出新的宏觀視野，就像里昂．瓦拉斯、歐根．馮布姆巴維克（Eugen von Böhm-Bawerk）、約瑟夫．熊彼得、努特．維克塞爾、法蘭克．奈特、法蘭克．拉姆齊及凱因斯等人提出的理論。我忍不住想在此一提，這些人可不是古人，我的老師威廉．費爾納顯然研究過馮布姆巴維克的思想；我的朋友保羅・薩繆爾森是熊彼得的學生；喬治・史蒂格勒知道我及我的論述，他是奈特的學生。經濟學家經常構思一個新的經濟觀點，把它加在其他經濟學家的學說之上，或是取代其中的一部分。

不過，一九九〇年代初期，我感覺像是踏出相當大的一步。我發展出一個結構性觀點，與凱因斯學派的觀點大相徑庭，但兩種觀點都能成立。一九八〇年代的歐洲景氣低迷並不是凱因斯學派闡釋的經濟衰退，這點引領我思考，除了凱因斯學派提到的總合需求力量（在希克斯ＩＳ－ＬＭ模型中的力量），是否還有其他因素可能影響失業率。有些作用力出現於一些非貨幣模型中，但並未出現於凱因斯學派的模型中，也許它們會改變「均衡失業率」（即自然失業率）均衡路徑或「正確預期」路徑的失業率水準（若沒有其他結構性作用力出現並導致它轉向的話）。

我的第一次嘗試是在奧爾堡（Aalborg）舉辦、紀念約翰・希克斯的一場研討會上，我發表一篇論文[10]，提出的觀點是：在一個兩部門經濟模型中，資本財的實質價格是失業率的另一個決定因素。此前，我和溫特為個體基礎研討會合著、有關顧客市場經濟的論文中提出的「加價」，則是另一個決定因素。

但這個理論的進一步發展，還需要投入很多的研究工作，我很幸運的說服三名博士候選人、也是我在哥倫比亞大學的前學生幫忙：雲天德協助我建立延伸超越費爾普斯—溫特模型（Phelps-Winter model）的模型；喬治．卡納金尼斯（George T. Kanaginis）進一步建立模型；吉爾維．佐加協助一些重要的統計檢驗。[11]我們專注於將我們的研究綜合成一本專題論文。

從一九九〇年年初到發表的一九九四年，我和這支團隊發展有關就業率的非貨幣性模型並進行統計檢驗，理論的含義和統計檢驗結果集結成一本專題研究報告。在編輯麥克．阿隆森（Michael Aronson）和編審凱特．施密特（Kate Schmit）的大力幫助下，最終成為哈佛大學出版的《結構性衰退：失業、利率、與資產的現代均衡理論》（*Structural Slumps: The Modern Equilibrium Theory of Unemployment, Interest, and Assets*）一書。

從這本書的前言，可以明顯看出我對「結構性衰退」這個主題的關切。我把它濃縮及改寫如下：

（一些）失業率的變化和長期波動……不是因為誤判或錯誤預測，進而導致薪資與價格的錯配（這些變化與波動可能是非貨幣性機制驅動的均衡路徑）：辭職或逃避的傾向、失業的遲滯效應*、內部人與外部人關係、福利國家補貼、工會的競租※行為、金融市場的資產負債表因素、組織結構……。現有的學說沒有對這些因素提供適用的跨期一般均衡理論……。

本書提出一個（新）思維……，均衡路徑（這裡指的是符合預期的均衡路徑）接近自然失業率，……但加入一個條件：自然失業率會改變！它是經濟的實際結構的函數，……我們的分析工作是探索理論上自然失業率如何受到經濟結構的因素所左右，包括實質部門的需求、生產要素供給、技術、稅率、補貼、關稅等。[12]

理論模型

《結構性衰退》書中的理論核心是典型已開發經濟體三個完整（但簡單）的模型。第一個模型建立於勞動市場的「人員更替的培訓」或「薪資獎勵」模型之上，例如，我一開始提出、再用「跨期」修改、最後加入產品市場和資本市場予以完善的模型。[13]基於這個模型，我們的主要發現之一是：「衍生的勞動需求不僅隨著生產力的提高而增加，……也伴隨實質利息成本的降低而增加。」[14]我們解釋：

> 在或許可以稱為「需求的弔詭」（paradox of demand）現象中，……消費財產

＊編注：指當原因已經消失，效果仍然存在的現象。譬如某些不利事件會造成失業上升，但是事件結束之後，失業率卻無法退回原水準。

※編注：rent-seeking：為了壟斷社會資源或維持獨占地位所從事尋求獲利的生產性活動，會付出無謂、額外的代價且造成社會資源的浪費。

出的需求增加……無法誘使廠商雇用更多人；為了消弭過多的消費者需求，必須提高實質利率（r）和降低實質資產價格（q），但這將產生負面效果，導致廠商減少對於招募新員工的投資。於是，均衡失業率上升，最終導致產出與消費的萎縮。[15]

此外，公共債務刺激方案，如「直升機撒錢」，會使消費者感覺變得較富有，這也會驅動實質利率上升，總失業率也上升。書中對於這個模型的討論以下面的警告作結：「短期而言，刺激需求的財政政策可能透過凱因斯學派闡釋的過程擴大就業及產出，但後來將透過這裡闡述的結構性變化，轉成一股淨收縮的力量。」[16]

我們的一般均衡模型中，第二個模型建立在費爾普斯—溫特的產品市場模型之上，並結合卡爾沃—鮑爾斯（Calvo-Bowles）勞動市場偷懶模型（shirking model of the labor market），以及布蘭查德—雅里（Blanchard-Yaari）資本市場模型，得出另一個一般均衡架構。[17]雖然，這個模型相當複雜，但可以取得一些分析工具。一般均衡的消費財產出和資產價格由供需決定：需求曲線（廠商的產品帶給每個顧客的價值）和邊際供給曲線的交叉點，決定必須有多高的影子價格，才能誘使廠商生產一定數量的總產出。[18]有了這項分析工具，就能判斷衝擊效應。從這個模型可以看出：「總合需求增加帶動實質利率的上升，……實質股價下滑，……這個效果導致需求價格低於供給價格（先前，在均衡點上，需求價格等於供給價格）。在我們的價格彈性條件下，需求價格與供給價格之間的落差只能透過減少產出來消除。」[19]這個模型的最後一小節則敘述對供給面造成的衝擊。

第三個模型是兩部門固定投資模型：消費財和資本財的生產活動都需要雇用勞工；生產消費財時需要資本，生產資本財時則不需要資本。這令人想起奧地利經濟學派領袖歐根·馮布姆巴維克在邁入二十世紀時提出的資本理論（勞工耕種葡萄，葡萄產出葡萄酒）。

在使用圖表分析這個模型的動態變化後，我們探討對經濟體的衝擊效應，亦即對於凱因斯學派理論的疑問。若這個經濟體一直處於穩定狀態、或穩定成長的狀態，我們解釋為何在發生某種根本性變化時，未來的時間路徑將會改變。

早期有關消費的一些疑問一直存在。例如，若政府發行債券以籌措「直升機撒錢」所需的資金，因而使得公共負債額（D）增加，在模型下會發生什麼事？分析顯示，將直接導致資本財的價格（q）下滑，接著是資本存量（K）減少，資本財價格（q）進一步下滑，漸漸趨向一個新的穩定點。資本財價格的下跌，將導致對勞動的衍生需求下滑（下滑的力道大於其他上推的力道），對於廠商願意供給的資本財產量具有寒蟬效應，又進而降低勞動需求，因此降低這部門的就業水準，以及整個經濟體系的薪資率。[20]

《結構性衰退》一書也提出及探討一些跟投資有關的疑問：若因為對未來的預期變好，使得λ（衡量當前勞動增加參數Λ的指數成長率）突然上升，會發生什麼事？我們的分析顯示，目前，λ上升將使得資本財價格 q 突然下跌。「資本財價格（q）下跌，近期內對就業的影響是縮減就業……，穩定狀態的 q 也明顯比較低，甚至低於受衝擊後的 q」，因為資本（K）無法跟上較快速的Λ成長。[21]西方國家已經超過四十年發生相反的情況：一九七〇年代，當Λ減緩到近乎停滯時，K相對於Λ很容易成長，直到資本達到接近飽和。

我在書中繼續指出，在這個模型中，「消費財支出的意外增加，驅動實質利率上升，導致資本的實質價格下跌，因而使得自然就業率和實質薪資下跌，……對資本財產出的公共支出增加，導致實質資產價格上升，以及實質利率意外的下降，使得就業率和實質薪資上升」。[22]

在這兩個例子中，凱因斯的理論只有在資本財支出部分與結構學派的理論相同，在消費財支出的部分則不相同。我在書中回顧：「凱因斯在一九三〇年代主張，在英國經濟嚴重低迷時期，公共工程計畫是提振就業的最佳或次佳方法。後來，在《一般理論》中，他則完全側重總合需求。」[23]另一方面，海耶克認為，消費增加將造成緊縮作用，而非擴張效果。但是，他犯了以偏概全的錯誤，認為所有財政刺激措施都無效。[24]因此，從結構學派理論的觀點來看，凱因斯和海耶克都並非相當正確。

我在《結構性衰退》書中提出這三個現代模型，每一個模型都有一個單一獨特的資產，然後併入到一個多資產經濟模型裡，就像真實的經濟體。它合成為九條公式，內含九個變數，在正確預期下得出的均衡路徑決定了 r（實質利率）、u（就業率）、v（實質薪資），三個 q（實質資產價格向量），以及三個狀態變數（資本存量、顧客存量、資產存量）。由於這個結構學派模型具有影響力，可以用來預測衝擊或後果。

剩下的步驟是透過固定資本投資、顧客投資及員工投資，把這個綜合模型的經濟體開放，與其他經濟體建立「國際連結」，完成這個步驟後，我們就能開始估計模型中的因果變數，即失業率方程式（內含實質利率）及實質利率方程式的統計顯著性和經濟重要性。

這就是我們的理論。但是，這個結構學派的理論在解釋顯著的經濟衰退與繁榮方面，其效力是否能媲美或勝過凱因斯學派理論呢？要解開這個疑問，就必須「讓這個新架構接受實證檢驗」。[25]

統計發現

我們的計量經濟模型的統計估計顯示：「結構學派理論中潛在的因果作用力，確實影響我們研究國家的失業率程度。」[26]重要的是，這個新理論對開放型經濟體中實質利率和實質資產價格的影響，那些經濟體不算非常大，無法對全球實質利率之類的變數產生重要影響。[27]

我們手上有一組方程式，首先處理失業率方程式，更準確的說，這是在前一年的失業率之下，預測當年失業率的方程式。統計分析估計，一國的公共支出增加和減稅，將使失業率降低；資本存量及其稅負的增加，則往往會導致失業率提高。這些大致上如凱因斯學派理論的預測（石油價格曾經一度是主要影響因素，但其影響力消退後，公共債務成為主要影響因素；但當然，這兩者都不是凱因斯學派的工具）。[28]凱因斯主義認為，在其他因素不變下，公共支出增加和減稅具有降低失業率的直接效果。

不過，真實情形更加複雜。雖然這兩種凱因斯學派的工具被認為會對降低失業率產生**直接影響**，但統計研究發現，這兩種工具會透過對實質利率的影響對失業率產生**間接影響**：刺激措施會使實質利率上升，進而導致失業率提高。當然，在一個小型經濟體，實質利率主要取決於全球其他地方普遍的利率水準；在一個大到能提高或降低實質利率的經濟體，這些間接效果可能會抵消直接效果，甚至可能大於直接效果（後來，我們為這個新理論發展出另一條支線，討論「實質匯率與加價的行為」）。[29]

《結構性衰退》書中進一步解釋：「在相同的條件下，結構模型並未發現一國的公共支出及公共債務增加將對外國造成擴張性影響，這與孟岱爾—弗萊明模型在彈性匯率下預測的結果不同。審慎起見，現在應該是暫時把凱因斯學派的方法擱置一邊，改採結構學派的方法。」[30]在這個更完整的分析中，凱因斯學派工具的效力明顯減弱。在極端情況下，這些工具會失效，結構學派模型則獲得認可。我們的計量分析以慶祝的語氣作結，我們寫道：「回顧上述結果，不可能沒有絲毫滿足感。」[31]

這些新的理論發現，為一九五〇年代末期至一九八〇年代末期的總體經濟發展情況提供一個解釋：「全球公共債務的增加，……全球公共支出的顯著增加，以及全球實質利率的上升，……這些衝擊驅動均衡失業率的大幅提升。」[32]

評價不一的研究成果

《結構性衰退》提出的理論獲得的迴響如何？備受尊敬的芬蘭經濟學家、創投家暨藝術收藏家彭蒂．庫里，是喬治．索羅斯的財務夥伴馬里歐．德拉吉（Mario Draghi）的好友，他評論：「此書等於完全重塑總體經濟理論，提出一個不同於新的新古典經濟學派和主流凱因斯學派的典範。」[33]經濟學家麥克．伍德福特（Michael Woodford）評論：「此書提供一個大膽嘗試，對截至目前為止欠缺的東西做出綜合處理，……把勞動市場和產品市場的新個體模型的不完美置於中心，……，但此書相當開創性的展示可以如何把各種的局部分析結合成單一、相關的模型，以及一個完全動態的一般均衡（最終得出一個多國模型）……這項計畫具備驚人的野心，值得被廣為閱讀與討論。」[34]

事實上，《結構性衰退》並沒有遭到多大的反對聲浪，而是被抵制。我出席美國國家經濟研究局（National Bureau of Economic Research）在麻州劍橋每半年舉行一次的研究會議，午餐會演講人談到最近出版的《結構型衰退》，他對此書抱持相當肯定的看法。但在討論時，一些經濟學家非常懷疑、甚至做出有敵意的評論。最後，演講人忍不住回應：「拜託，各位，你們到底想怎樣？」他令他們感到羞愧。從這件事可以看出，人們有多不願意考慮新東西。

這本書的確受到總體經濟學家的一些注意，有部分得感謝麥克．伍德福特的書評。本書也獲得《紐約時報》和《經濟學人》（*Economist*）的好評。[35]但是，忙於蒐集和分析資料的經濟政策制定者並未考慮《結構型衰退》一書中揭示的結構性作用力影響失業率的路徑，甚至沒有考慮費爾普斯－傅利曼理論中自然失業率（或均衡失業率）的概念。

若結構性失業從未被充分納入一般的思考當中，部分原因可能是理論中的一些影響因素失去它們的動力。例如，一九八〇年代以後，全球的實質利率沒有繼續維持像一九六〇年代及一九七〇年代那樣的高水準（全球實質利率在一九八〇年代達到高峰，然後降回一九六〇年代時的低水準、甚至更低水準）。基於這個原因，經濟學家可能對實質利率失去興趣。此外，若分析中包含一國的成長率（即總要素生產力，通常以λ代表），我們的研究或許會引起更多關注。但是，《結構性衰退》終究未能引起太多關注，原因或許是整個經濟學界不願意付出成本去熟悉與採納新發現。

回顧起來，我覺得我很幸運，首先能夠藉由加入薪資與價格預期（導致自然失業率），為凱因斯學派的失業模型提供一個個體經濟的基礎，後來又為更大的失業路徑模型提供一個非貨幣性（亦即結構性）的基礎，即影響自然失業率的作用力模型。這些進階研究雖然重要，但在我的心中，它們不是經濟理論中的激進派。

我也認為：受景氣衰退衝擊的廠商將根據它們預期其他廠商的薪資率變化，來決定它們自身的薪資率；結構性變化將導致自然失業率的改變；以上這些新的理論發展具有創意，但不是富有想像力。多數經濟學家遇上凱因斯學說中的僵固性，或是想知道自然失業率是否會變動，遲早會得出類似我的個體—總體假說（經濟學家對於人類擁有自主權或代理人的概念感到不自在）。

一九九〇年代下半期，我想知道，我是否夠幸運到能進入一個大大不同於我以往的研究領域，並且需要更深度、創意的主題。在思考的同時，我撥出一些時間去撰寫一篇短文。

附和羅爾斯「有價值的工作」

美國女性在職場上遭遇阻礙的情形，在一九五〇年代和一九六〇年代引發許多不滿與沮喪。女權運動作家貝蒂．傅瑞丹於一九六三年出版的著作《女性的奧祕》（*The Feminine Mystique*）對此有深入分析與批判，這最終使得女性進入勞動市場，並且在職場向上爬。美國黑人的憤慨導致一九六〇年代中期至末期的暴動。一九六八年出爐的《克納報告》（*Kerner Report*）把暴動歸因於白人的種族歧視，這些努力最終使得數量相當可觀的黑人獲得較高階的職務，以及進入以往未對他們開放的產業和職業。但是，經濟嚴重弱勢者的低薪資問題仍然有待解決。

《結構性衰退》出版後，約一九九〇年代中期左右，這些問題使我開始思考政府能夠做些什麼，來拉升底層的薪資水準。我記得一九九〇年左右，我曾在哈德遜河畔安南戴爾村（Annandale-on-Hudson）巴德學院（Bard College）舉行的研討會上提出我的想法，關於如何提高很低的薪資水準，大家都很感興趣。路易斯安那州選出的民主黨參議員羅素・隆恩（Russell Long）倡議、並於一九七五年獲得美國總統簽署立法的美國勞動所得扣抵制（U.S. Earned Income Tax Credit）確實有助於提高底層勞工的稅後薪資率，它是一項很棒的工具。勞動所得扣抵制也使得一些勞動年齡人口選擇成為受雇人員，而非繼續當個自雇者。不過，勞動所得扣抵制並不足以保障較弱勢者獲得像樣的生活。

我注意到，這項主題的討論完全聚焦於薪資，完全沒談到工作本身。公共政策應該同時關注工作本身及薪資兩者的重要性，若大量的勞動年齡人口未覺察到一個健全經濟體系中工作提供的非金錢性報酬，這個社會將不會運作得很順利。因此，經濟政策提供給社會較低階層的薪資率必須確保至少要高到足以吸引他們加入工作行列，以及提供所得。

一九九七年哈佛大學出版我的著作《有價值的工作：如何恢復自由企業經濟的參與率及自立》（*Rewarding Work: How to Restore Participation and Self-Support to Free Enterprise*），書中有關薪資和工作的討論加入兩個概念。第一個概念是自立的價值：人們從自立和供給他人的需求當中（像是供養小孩、年長父母或其他有供養義務者）獲得滿足感。我在書中寫到：「從工作中獲得的物質報酬大到足以使一個人變得自立，也就是靠自己的努力贏得基本舒適的生活、擁有家庭、以及在社區生活中某種程度的分享機會，物質報酬就變得非常具有重要性。沒有比依賴他人提供物質支援更削弱一個人的自尊心。」[36]舉例而言，狄更斯（Charles Dickens）的父親無力維持生計，偶爾還得仰賴兒子的援助，這使得狄更斯一生備受困擾。

第二個概念是選擇以工作參與社會經濟體系的價值。工作能把勞動年齡人口從經濟體系外的賺錢活動拉進經濟體系內，使這些人獲得更深一層的回報。經濟學家托斯丹．韋伯倫、威廉．詹姆斯、阿佛列德．馬歇爾、以及社會學家威廉．朱利亞斯．威爾森（William Julius Wilson）等人重視的工作回報。我後來發現，哲學家齊克果（Søren Kierkegaard）和尼采

（Friedrich Nietzsche）是對這個概念具有影響力的先驅。

從這個觀點出發，政府若採取一些措施，使微薄的薪資率提升至能夠提供這些回報，將具有重要的影響力。我在書中寫道：

> 對弱勢工作者而言，重要的不只是所得或薪資所得，他們的自我實現及社會參與也非常重要。縱使福利制度或家庭提供的安全網能可靠的避免物質匱乏，這些自我實現及社會參與層面的回報仍然可能很低。為獲得這些深層渴望的東西，多數人必須在社會中擁有一個具生產性、而且具有能見度的地位，在市場經濟中有一席之地，而不是在社會底層工作，或是外人看不到的家務工作……。許多弱勢工作者對負責的工作缺乏穩定性與持續性，……他們做為員工的表現不佳，導致雇主能支付的薪資降低，又進而導致薪資率降低和失業率上升。[37]

《有價值的工作》關切的並不是一般的不均，甚至不是中位數所得者和最高所得者之間的所得不均。如今，後者招致的憤怒似乎比底層工作者和中階工作者之間的所得不均，帶來的憤怒來得更大。我在書中如此總結：

在美國，薪資最低的工作者和中位數者的所得差距，已經大到使他們成為另一個階級，……所得差距使貧窮社群蒙上陰影，並讓下一代繼續弱勢下去。這種工作價值的低落是對整個社會製造成本，……人們脫離工作，淪於販賣毒品與犯罪……。撫慰勞工階級的政策成本遠高於提高所得較低者薪資率以根除問題的政策成本。[38]

該怎麼做呢？《有價值的工作》呼籲推出就業補貼，並且提出一個例子，計算一種假設性補貼的成本。不過，這麼做，帶給社會的好處不是只有低所得者獲得補貼而已，書中結語寫道：「就業補貼計畫使所得較低者變得自立，……把生產力較低、目前依賴社會福利、工作福利、乞討、不正當買賣及犯罪的數百萬人，拉進資本主義的主流經濟體系裡，可以改善所有人的生活水準。」[39]

一九九〇年代末期，學術圈興起對就業補貼這個主題的探討。當時，世界各地許多政府討論貧窮問題，新加坡政府在令人敬畏的李光耀主政之下制定薪資補貼方案，明顯有參考我在這本著作中的提議。這得大大感謝我的學生、經常和我合寫論文的雲天德。一九九七年和一九九八年夏天，我拜訪任職於法國經濟瞭望台的菲圖西時，得知法國政府也基於相同想法採取一些措施。但是，法國同時採行太多其他的措施，我們難以認為法國已經採行全面的低薪資補貼方案。

約莫此時，許多人對就業補貼的興趣提高，包括經濟合作暨發展組織巴黎總部的人。二〇〇一年，該組織會員國代表成員舉行的一場研討會，我被指派擔任開幕演講人，論述及倡導會員國實施就業補貼政策。看到英國代表團強烈希望推出就業補貼，我很振奮，我希望柯林頓政府也支持就業補貼計畫，但當美國代表團發言時，我的希望破滅。他們擔心這項計畫的立法可能會危及許多有年幼小孩的婦女所仰賴的勞動所得扣除額。

我當然很失望，因此對柯林頓政府沒有好感。儘管比爾．柯林頓相當聰慧（接下來二十年間，我與他有幾面之緣，對他的學識相當感佩）。事實上，西方為數眾多的經濟學家排斥就業補貼的概念，這令我很失望，人們的普遍態度似乎不鼓勵政治人物推動任何新方案。

這種不作為導致的社會成本相當大，美國及多數其他西方國家的政府不僅沒有對提高底層的薪資採取措施，底層薪資相對於國民所得還不斷下滑，自一九七〇年代初期起就呈現這樣的趨勢，直至二〇一九疫情開始前。

出版《有價值的工作》後沒過多久，我打電話告訴約翰．羅爾斯，我不覺得我能夠以他的經濟正義論點為基礎進行研究，在我還沒敘述我使用的論點之前，他就在電話另一頭喊：「沒錯！在現今的氛圍下，你做不到。」他的理解使我大大寬心。另一個安慰我的事實是，我在書中透過「合作的剩餘」（surplus from cooperation）這個概念，和羅爾斯的思想建立連結：「『合作的剩餘』指不同類型的工作者彼此合作所產生的利益，至於這些利益如何分配，取決於現行的稅制、補貼等。」[40]

《有價值的工作》也在知識份子圈中獲得好評，它在美國引發一些知名經濟學家和其他思想領袖的關注。有一天，已經九十幾歲、在家工作的薩繆爾森和我通電話，我們談到這本書。他告訴我，在他的書架上這本書放得特別突出，他說：「以便我容易找到它。」

二〇〇三年，在羅素塞吉基金會（Russell Sage Foundation）舉行的一場研討會中，有許多經濟學領域的領袖出席，包括詹姆斯・海克曼、雲天德、戴爾・莫滕森（Dale Mortensen）、克里斯多夫・皮薩里德斯（Christopher Pissarides）、丹尼斯・史諾爾（Dennis Snower）等。經濟學家們在研討會中，提出對低薪者提供就業補貼的另一個好處：包容；這是《有價值的工作》未能詳盡闡釋的層面。如同我在研討會論文集《有計畫的包容》（*Designing Inclusion*）前言中所說，包容性不足的問題在一九七〇年代末期和一九八〇年代更加惡化，導致能力較差的勞工被邊緣化。男性的勞動參與率下滑得更多，失業率上升得更多。[41]

我在前言中指出，一些評論者認為包容性不足「只不過是所得不均的一種情況」[42]，但是，這種包容性不足對社會的影響不僅限於所得不平等、薪資不平等、以及一般不平等。擁有一份工作，以此賺到足以獨立的收入，這是很重要的自食其力；達不到這些目標，很容易剝奪一個人原本可以獲得的知識、資訊、成就、個人成長及自尊。當一個社會充滿這些問題時，負面影響將延伸至毒品交易和喪失公共安全。「然而，」誠如哈佛大學前校長德瑞克·伯克（Derek Bok）曾說：「我們只是繼續談論這個問題，……彷彿光是所得的統計數字就已經以某種有意義的方式記錄這個現象。」[43]

回顧西方國家的糟糕經濟經驗，它們的政府不僅沒有適當處理經濟體系中弱勢勞動者的低薪問題，也沒有解決嚴重的經濟成長問題，著實令人詫異。由於經濟成長減緩之故，男性勞動參與率持續下降，女性勞動參與率則是停止上升。事實上，西歐許多政府在繞過民間資本並限制其特權方面犯了大錯：企業變得難以裁員、扶持效率差的廠商、擴增公共部門工作數量、干預本應由民間企業做出的決策。這是統合主義（公司和多數其他的民間實體最好由政府控管）的一個主要特徵。許多歐洲和美國政府也退縮，不再推行就業補貼、招募補貼，以及透過一些市場力量以恢復包容性的干預方案。

一九九七年，我發表一篇論文，主張需要相反的政策：歐洲大陸必須解放它們的企業。但是，我也在那篇論文中寫道：「光有自由企業經濟，不足以使歐洲大陸的失業率降回一九七〇年代初期的水準……，也無法在盎格魯撒克遜裔國家提高底層迫切需要的薪資和工作。這需要另一種改革：做出干預，引導市場力量對底層的工作者更加包容。」[44]我的結論是：「西方國家可以調整競爭性的資本主義制度，重新追求成長和最廣泛的機會，重振西方開啟啟蒙時代對未來的願景。」[45]

這樣就夠了嗎？雖然，上述行動有其必要，但我當時已經開始懷疑，光是這樣還不夠。接下來十年，我開始意識到，經濟成長和工作滿意度的根源在更深的地方。

第七章

紀念文集、諾貝爾獎
和一個新視野

二〇〇〇年代的開始有個好兆頭。在紐約市，大都會歌劇院（Metropolitan Opera）推出一系列節目及晚宴，慶祝二〇〇〇年新世紀的到來，然後又再度推出節目及晚宴，慶祝二〇〇一年的到來。晚宴後，全球最佳德國歌劇男低音勒內·帕佩（René Pape）表演一些柯爾·波特（Cole Porter）的傑出作品。曲終時，包括名指揮家詹姆斯·雷文（James Levin）在內，所有觀眾起立鼓掌，實在太棒了！後來，薇薇安娜和我步入舞池，帕佩和他的太太也在池中共舞。真是美妙的夜晚！令人不禁心想，未來是否也會如此平順如意呢？

二〇〇一年時，經濟正朝好的方向發展。歷經劇烈波動後，失業率呈現下滑趨勢長達二十年，英國及歐洲大陸部分地區在歷經超過二十年的經濟困局後，漸有起色。美國以總要素生產力衡量的經濟成長率在一九九〇年代後半期已經回溫。因此，一般人懷抱希望，認為經濟成長會繼續以一九七〇年代初期以來半停滯狀態還快的速度成長，矽谷將繼續活躍的推出新產品與新方法。有一天，我和朋友在曼哈頓下城共進晚餐時，回憶起那些年的確見到年輕人充滿活力與幹勁，許多年輕人無疑賺了大錢。

但是，並非事事都順心如意。貿易狀況有好、壞兩面，伴隨亞洲經濟體的驚人發展（尤其是南韓及中國），隨之而來的國際貿易擴張帶來貿易的重要收益。其中包括一些西方的大型出口商獲利率上升，但也導致美國部分產業的薪資率和就業率下滑（我的《政治經濟學》中討論過這種理論的可能性）。近年也出現男性勞動參與率嚴重下滑的現象。此外，工作滿意度持續降低，整個「底層」薪資幾乎停滯，這樣的情形一直持續著。

那年，羅曼・弗萊德曼告訴我，再過幾年，就是我的七十歲生日了，現在開始籌劃我的紀念文集不算太早。羅曼召集菲利浦・阿吉昂、約瑟夫・史迪格里茲（Joseph Stiglitz）與麥克・伍德福特，跟他一起尋找研討會的演講人，並為研討會的論文集撰寫前言。

七十歲的生日禮物

我對這些籌劃中的事情知之甚少。我知道這場研討會將為期兩天，區分為四個部分，每個部分由一位極富聲望的經濟學家做出總評，包括：凱因斯學派要角詹姆斯．托賓、新古典學派領袖羅伯特．盧卡斯，新古典學派成長模型開創者梭羅。我預期羅伯特．莫頓和約翰．羅爾斯也會參加，但感覺還是少了某個人，那就是保羅．薩繆爾森。自一九六二年拜讀他撰寫的教科書起，我就一直把他當神一般的尊敬。菲利浦立刻行動，不出幾天，他就告訴我，保羅會出席，並且擔任主講人，這令我高興極了。

然後，可怕的事情降臨。九月十一日，兩架飛機撞進曼哈頓下城世界貿易中心的雙塔大樓。我永遠忘不了，那天早晨，薇薇安娜告訴我，紐約客珍愛的地標雙塔中其中一塔冒出大量濃煙。太嚇人、太恐怖了，死傷無數，紐約市和整個美國的士氣遭受嚴重打擊，導致人心惶惶。因為國安考量，紐約市所有商用機場關閉，前往該市的交通被封鎖。最終，對世貿中心和五角大廈的恐怖攻擊導致美國制定種種對抗恐怖主義的措施，對穆斯林的歧視增加，美國對阿富汗及中東的外交政策也進入新階段。

恐怖攻擊事件過後約一週，我去找哥倫比亞大學教務長強納生．柯爾（Jonathan

Cole），他協助不少重大研討會順利舉辦。當時，我考慮到底該取消原訂十月舉辦的研討會，抑或按照原訂計畫，儘管，許多、甚至大多數與會者可能不願意或無法前來與會？柯爾擔心，可能無法找到其他時間舉行這場研討會，他敦促我照原訂計畫舉行，我接受他的建議。有一天，薇薇安娜和我看到一架商用飛機沿著哈德遜河飛向拉瓜地亞機場，紐約市再度開放了。我們的研討會如期舉行。所幸，九一一事件只導致很少數的人缺席。

大會議室裡擠滿上百名與會者，薩繆爾森站在前方，我向他致謝，也聊了一會兒。「你知道嗎？」他說：「熊彼得不是奧地利人（Austrian）。」他的意思並非熊彼得沒待過奧地利格拉茨（Graz），而是指熊彼得其實並不是奧地利經濟學派的一員。「是的，」我說：「我知道。」

薩繆爾森很了解熊彼得的思想。我想，他認為熊彼得的思想完全是新古典學派，奧地利學派的理論與新古典學派的思想迥異。我後來在我的論述中強調，熊彼得創新理論的缺點正是它的新古典主義。

有人請薩繆爾森上台。他的演講首先談到我的經濟學教育，接著引述我在前十年的理論研究。他的講述充滿感情：

你可以說，這是畢卡索的古典時期。我熟知（費爾普斯）他的創新，不僅是因為梭羅和我參加同一個自行車馬拉松比賽，我還經常借用內德*的研究成果當一個「搭便車的人」，……費爾普斯以希克斯—丹齊格—德布魯※的簡易總體與個體經濟學建立其聲譽，這是凸集（convex sets）和可微分變數的理想經濟環境。但是，他會推至規模報酬遞增、資訊不對稱、不規則以及均衡理論種種意想不到的不完美情況等棘手領域嗎？

答案很肯定：會！我借用菲利浦．阿吉昂的幾句話來總結我的讚賞。他認為：「費爾普斯的貢獻基本上是一個計畫，將不完全資訊與知識、不完全競爭以及市場摩擦引進總體經濟學。」我想再加上一點，他也把這些概念引進個體經濟學。套用物理學家普朗克（Max Planck）的名言：科學每往前推進一步，就經歷一場葬禮。費爾普斯和史迪格里茲等經濟學家共同闡釋讓亞當・斯密、賽伊和盧卡斯那隻「看不見的手」麻痺的許多方法。[1]

中場休息時，孟岱爾對我說，薩繆爾森善於在研討會中炒熱氣氛。我應該說，他做的不僅於此。薩繆爾森公開讚揚我率先在總體經濟學中引進不完全資訊和不完全知識。我不能再要求更多了。

這場研討會比我想像的更為成功。第一天，首批發表論文的學者有麥克・伍德福特、葛雷格利・曼昆（Gregory Mankiw）、吉爾勒莫・卡爾沃（Guillermo Calvo）、布魯斯・格

＊譯註：指艾德蒙・費爾普斯。

※譯註：丹齊格指的是喬治・丹齊格（George Danzig），德布魯指傑拉德・德布魯。

林沃德（Bruce Greenwald）、約瑟夫・史迪格里茲，由羅伯特・盧卡斯做總評。第二批發表論文的學者有羅曼・弗萊德曼、莫德凱・庫爾茲、大衛・賴布森（David Laibson），由羅伯特・波拉克總評。第二天，首位發表論文的是戴爾・莫滕森；接著是克里斯多夫・皮薩里德斯、詹姆斯・海克曼、菲利浦・阿吉昂、戴倫・艾塞默、查爾斯・瓊斯（Charles Jones）、傑斯・本哈比（Jess Benhabib）。第二天的總評者是梭羅，其他的總評放入紀念文集裡，但因為時間有限，他並沒有讀完這些論文。

二〇〇三年，由普林斯頓大學出版的這本研討會論文集《現代經濟學中的預期：致敬艾德蒙・費爾普斯》（*Expectations in Modern Economics: In Honor of Edmund S. Phelps*）前言中，弗萊德曼和共同籌辦人阿吉昂、史迪格里茲、以及伍德福特合撰「總體經濟學中的『費爾普斯計畫』」（the 'Phelps Program' in Macroeconomics），指的是我從「菲利浦曲線」到《結構性衰退》一書，花了近三十年所做的關於失業率及勞動參與率的研究。如同薩繆爾森在研討會的演講中所闡釋，前言指出，我的主要貢獻是：「在總體經濟學中引進不完全資訊和伴隨而來的摩擦，以及不完全知識和伴隨而來的複雜性。」[2]我由衷感謝他們為此研討會論文集撰寫如此優異、有助益的前言，感謝弗萊德曼構思這麼棒的研討會和製作研討會論文集，也感謝他們為最終結果做出優異且巨大的貢獻。

薩繆爾森發表那場激勵人心的演講後，研討會進行得如何呢？整場活動令人印象深刻。過了一、二十年，一些與會者仍能津津樂道，即使它並不完美。很遺憾的是，約翰．羅爾斯未能前來，詹姆斯．托賓和羅伯特．莫頓因病住院，托賓在考爾斯經濟研究基金會的同事比爾．布蘭納德在研討會上宣讀他和托賓一起準備的致詞。

週五那天的論文和評論發表結束後，我走到會議室前方說明晚宴安排，但還沒開口，坐在前排中央的孟岱爾開始鼓掌，然後，全場一百二十名與會者都跟著起立鼓掌。在我的職業生涯中，沒有什麼比這一刻更感動的時候了。

那天是無與倫比的日子。第二天早上，研討會中出現有關失業率的「實質」（亦即非貨幣性質）決定因素的大量文獻。大致而言，就是「均衡」決定因素，這些論文相當優異的探討及延伸我在一九九〇年代所建立、將失業率帶向其「均衡」路徑的市場力量模型。這裡所謂的「均衡」，指的是在預期心理下發展出來的均衡。

這本極棒的紀念文集後來成為我職業生涯中一個分水嶺。只不過，我當時並未預料到這點。研討會籌辦人標示我在總體經濟學中的四個研究領域，這場研討會也為我在這四個領域的研究工作劃下句點。不過此後，我並未離開經濟理論領域。

「活力」理論

接下來幾個月，我開始思考離開長久以來主要的興趣領域，也就是凱因斯提出的失業理論、法蘭克．拉姆齊提出的國家儲蓄理論，以及羅爾斯提出的經濟正義理論。我想嘗試一個新理論，即使離開舒適圈將有一些根本的後果，我必須擺脫它們的陰影。我在一九九五年發表的文章〈經濟學的生活〉（A Life in Economics）中，就已經指出：「檢視既有模型，找出它們未被注意到的含義……，這與以獨立實證研究顯示經濟運作方式被忽視或誤解之處，兩者之間有大差別。」[3]當然，各個經濟體的運作方式可能不同。

無庸置疑，前方之路不僅是一條「少有人走的路」，也是一條看起來可能朝理想方向前進的道路。是的，這需要創意，但創意指的是形成一個關於經濟驅動力的新視野（或直覺）。在我看來，這是不同的層次，不同於提出一個解釋何以名目薪資率具有僵固性（如凱因斯所觀察）的假說；或者，失業率的變化中有多少成分是導因於IS－LM模型中的變動，有多少是出於奈特和海耶克提出的結構性因素改變。

碰巧，此時我開始檢視「經濟成長」；更確切來說，是總要素生產力的持續性成長。我好奇，被公認的經濟成長源頭，即被廣為遵循的成長之路會不會太狹隘而數量嚴重不足？會不會全球某些地區的經濟成長源頭有時是來自深層的創新，這些源頭迥異於新古典學派成長模型中的外生衝擊及變數的變化，無論這些創新是確定的，還是隨機的？有沒有可能許多國家的經濟成長源頭在於人民，如此一來，他們是怎樣的人？一個國家的創新是由什麼驅動？

我當時剛滿六十八歲，還有接下來二十年去探索這些想法。我等不及了，不想回頭，我期待一個新的開始。

這些謎題的碎片慢慢出現。接下來幾個月時間，我看到「茁壯」一詞，哲學家湯瑪斯．內格爾討論個人成長的文章中有稍微提到這個詞的含義。我認為，相當能夠詮釋參與創新的非金錢性報酬。[4]

二〇〇三年初，首先登場的是一月在新加坡管理大學的年度邵逸夫基金會講座；接著是三月於英國查塔姆研究所（Chatham House）的皇家國際事務研究所，我就一國國家內部的創新發表演講。「表現優異的經濟體會讓參與者不僅長壽、保持健康與安全之外，還能夠從事解決問題及獲得個人成長的職業。表現最好的經濟體往往具有全部優點：最高的生產力、最有價值的工作、以及最寬廣的包容性⋯⋯。這意味著，一些國家已經取得提升表現的靈丹妙藥，其他欠缺此靈丹妙藥的國家可能在所有或多數層面上表現糟糕。我稱之為**『活力』**（dynamism）的特性就是這股力量。」[5]這是我首次使用「活力」一詞，也是我首次提及創造的力量。

在那篇演講的後半部，我整理早期對「活力」源頭的一些看法。這是緩慢且艱難的過程，一次只會前進一步：「一個經濟體若想提供思維挑戰與個人成長的機會，……必須有生產產品的新方法或生產新產品，以便出現需要解決的新問題或需要取得的新能力。（社會）……希望追求有目的性的變革，目標是讓生產力收益高過變革的成本，因此……必須有制度允許及促進高度活力。我們可以把這種活力視為常態、或一般的、精心引導的創新。」[6]

我繼續指出，一個國家的創新「活力理論」與熊彼得在一九一一年出版、使他聲名大噪的《經濟發展理論》（*Theorie der wirthschaftlichen Entwicklung*，英譯本出版於一九三四年）書中闡釋的「企業家理論」（entrepreneur theory）非常不同。熊彼得的理論以企業家精神為核心，企業家注意到，並且評估科學發現的商業價值（與熊彼得同一時期的德國經濟學家亞瑟．史匹道夫〔Arthur Spiethoff〕撰文論述這一點），以及企業家勇於在市場中推出科學發現的一些商業應用。[7]羅伯．梭羅對二戰後的經濟成長感興趣，在一九五六年基於熊彼得的理論發表一篇論文，提出一個由外生變數「技術進步」驅動生產力成長的模型。[8]

反觀我在二〇〇三年演講中提出的「活力」，指的是一個國家內部產生與促進創新的行動，我後來稱此為自主創新，它是源於一國內部的創新，尤其是來自其經濟體系中工作的一般人，而非史匹道夫頌揚、那種受科學家和航海探險家們的發現所激發的創新，以及熊彼得所頌揚企業家對科學發現做出的商業應用。

我的演講中，其餘內容完全聚焦於「建立與促進活力需要一些制度」。無庸置疑的，若這樣的制度運作得很糟糕，或是欠缺一些制度，創新活動將受阻或不可行。不過，只是了解「什麼能夠激發與促進活力？」與「活力來自何處？」並無法充分理解活力理論。

這次演講缺少的是一個理論，那就是活力的根源（激發與促進活力的力量），更遑論提供明顯的證據。固然，人類與生俱來有激發、構思或發展新產品與新方法的創造力，但是，是什麼激發一個國家的自主創新呢？具有創造力，以及熱中於使用創造力來想像（構思完成新事物的開發）之間，存在一個缺口。

我在二〇〇五年撰寫一篇論文〈國家的經濟咬現〉（The Economic Performance of Nations），則向前推進，轉向另一個或許更根本的層次，儘管沒有探討經濟制度的影響。我在文中寫道：「在我們願意、而且能夠明確指出我們想要怎樣的經濟……、怎樣的商業生活之前，我們無法合理討論制度的經濟表現……。高生產力只是良好經濟表現的一個要素而已。」[9]「運用工作者的頭腦，迎接解決問題的挑戰，引領人們去發現他們的一些才能，促使他們擴展自身的能力。發現、發展與使用才能而獲致的個人成長，是所謂工作滿意度的基本環節。」[10]

這個良好表現的概念能被廣泛接受嗎？在歐洲或其他任何地方能被接受嗎？我上文描述的「良好的經濟表現」和「令人嚮往的經濟」概念常被認為是美國獨有的。或許，許多讀者會覺得這種對經濟表現的看法（更廣義的說，是工作與商業上的提升）的確多多少少與一些令人難忘的美國作家的觀點共鳴，包括班傑明·富蘭克林（Benjamin Franklin）、拉爾夫·愛默生（Ralph Waldo Emerson）、亞伯拉罕·林肯（Abraham Lincoln）、威廉·詹姆斯、約翰・杜威、約翰・羅爾斯、理查・羅迪、德瑞克・伯克。大家普遍抱持的印象是，這種對良好經濟表現的看法對於歐洲的價值觀而言很陌生，但這種印象其實沒有根據。這些欲望當中有些可溯源至幾世紀以前，並且引發長久以來的一些爭議。畢竟，人文主義關於「探索、獨立、開創及參與，是通往個人發展與成就之路」的論點，最早是歐洲人發表的。人文主義源於古希臘、文藝復興時代及啟蒙運動。[11]

但是，這些在新加坡管理大學和英國查塔姆研究所的演講內容之上增添的討論，似乎尚未達到我心中所想，並沒有暗示一套夠完善、夠清晰的非熊彼得式創新理論。

二〇〇六年五月，我得到另一次機會，那是馬克斯普朗克研究院（Max Planck Institute）和考夫曼基金會（Kauffman Foundation）合辦的「創業精神與經濟成長研討會」（Conference on Entrepreneurship and Economic Growth），在慕尼黑郊區的泰根塞（Tegernsee）舉行。我在研討會上發表一篇論文〈基於奈特、凱因斯、海耶克及波蘭尼思想的創新與經濟表現模型〉（Toward a Model of Innovation and Performance Along the Lines of Knight, Keynes, Hayek and M. Polanyi）。

面對大多為歐洲人的聽眾，我首先評論德國歷史學派創立及發展的創新理論，接著帶出我正在發展的理論。在這篇分為三個部分的論文中，我向德國歷史學派領袖們早期對創新的關注致敬，包括一九九〇年代初期的德國經濟學家亞瑟・史匹道夫，以及後來的瑞典經濟學家古斯塔夫・卡塞爾、奧地利經濟學家熊彼得等人：

> 拜他們之賜，經濟發展成為接下來數十年間重要的研究主題，他們的研究與論述將創新和市場經濟的**外生**影響力（例如，技術突破、開啟海外市場與原料）連接起來。有個新發現為投資創造新出路。卡塞爾在一九二三年出版的《社會經濟理論》（*Theory of Social Economy*）中寫道，這些投資「表達雇主希望滿足社會對固定資本的需求增加、藉此來賺錢的熱情。」這對一些歷史上重要的、經濟**外部**衝擊所激發的創新，提供一個有用的觀點。[12]

從這個角度來看，熊彼得的明顯貢獻是把這套新古典理論變得更豐富、更實際：「熊彼得……延伸這套新古典理論，……他補充說，這些創新需要有『意願』去創業的企業家，通常是創立新公司……。在這種體制中，銀行家挑選他們支持的投資計畫。最後，成功的新創公司刺激其他企業家起而仿效，他們結合起來，導致一些現有產品及工作的『創造性破壞』，並在過程中創造新的產品及工作。」[13]熊彼得的成功當然也得力於他的優異文筆（在阿默斯特學院的美林經濟學中心，我聽到熊彼得著作的英文版譯者、英國經濟學家瑞佛斯·歐皮（Redvers Opie）說，熊彼得逐章仔細的審查譯文。一位德語很流利的學生說，他找不出英譯本和原著有任何的出入）。

不過，在我看來，一個國家（至少，一個大國）的創新程度，主要取決於這個國家經濟體系裡商業界實現內部產生的新點子。我的這篇論文寫：「資本主義制度是私有制，特色包括實行新產品、新方法等**商業點子**的開放性，以及透過分散的多元機制來挑選針對哪些點子提供融資，並提供所需的資本與獎勵。」

雖然，熊彼得提出的概念通常被稱為「熊彼得式企業家」（Schumpeterian entrepreneur，基於世界某處獲得的發現而推出商業產品的人），但他並未預料到他完成著作後即將發生的事情，包括一九一二年亨利．柏格森提出的「創化論」（creative evolution）。一九二一年奈特提出的「不確定性」，凱因斯提出的「機率」，後兩者因為一次大戰而延後出版。熊彼得並未脫離新古典或現代化之前的思想。

我的這篇論文繼續寫道：「這個模型的機制……非常前現代（pre-modern），……。熊彼得的創新概念與兩次大戰之間理論家們的創新概念不同，……，熊彼得式的企業家似乎是根據偵察到的、尚未開發的機會，以及企業界人士談論的東西來採取行動。」[14]

我的這篇研討會論文的第二部分，從評論熊彼得的新古典學派方法轉向，「概述一個模型的核心元素，此模型描繪資本主義的一個重要層面，那就是由民營企業參與者向支持創新計畫的民營企業融資者提案並尋求支持，所驅動的經濟體系。」[15]

我首先描繪以個體為基礎的機制，此機制管理來自企業家的創新市場新點子「供給流」、以及來自融資者的新點子「需求流」，它描繪考慮特定市場力量（例如，企業家和那些向企業家提供融資者的狀況與期望）如何影響它們互動的結果。由於創新點子攸關商業績效，我認為，建立一個企業家點子的供給市場，以及經理人及融資者對這些點子的需求模型是相當重要的。[16]

有人可能覺得我描繪的這種經濟看起來很不真實，我在文中指出這類互動的明顯證據。為了簡化，我假定所有產生新點子的企業家都會前往某種「市集」，為其新點子的發展與行銷尋求融資，大量提供融資者參加「市集」，尋求可以投資或放款的企業計畫，就像現在的避險基金或創投家。我很高興得知，一年前真的有出現這種市集（我向哥倫比亞大學教授理查．羅伯〔Richard Robb〕提過這種市集的樣貌；羅伯教授進階學程，管理一檔避險基金，並且撰寫一本書，我喜歡稱他是「像凱因斯一樣的人」。他說，他最近剛去了一個像這樣的市集。我問他，那個市集是否如順時針般運轉，他說有）。[17]

這個粗略模型與歐文．費雪和詹姆斯．托賓提出的資本市場耶魯模型完全不同，他們假設的模型隱含企業提出的每項計畫前景毫無不明確，因此，所有融資者對每項計畫的價值有一致的看法。但實際上，通常，有人提出某個新產品或方法的新點子時，會產生這新東西究竟是什麼的不確定性，因此，對它的需求也會有不確定性。[18]

這篇論文的第三部分探討創新機會在經濟表現中扮演的角色。我在第二部分介紹經濟體系中不斷湧現的新企業點子供給，以及有能力把這些點子化為商業發展的企業家對這些點子的需求（還有具足夠背景、可挑選出好點子及企業家，並成為這些企業家後盾的多元融資者）。這一切對於創新、乃至於經濟表現很重要。因此，我在論文的第三部分談到，為了產生新點子，經濟參與者需要「能力」。[19]但顯然，我當時對於這些能力的源頭了解甚少。

不過，我確實有意識到人們擁有這些能力的重要性。而且，毫無疑問，人們有欲望去表現這些能力，這點也很重要。因此，個人成長、以及經濟體提供人們精神刺激與智力挑戰的職業，解決問題、發揮創造力、對自己的成就引以為傲的機會，這些都很重要。我了解，這是從亞里斯多德到塞萬提斯，到威廉・詹姆斯及亨利・柏格森所闡揚的人生哲學。[20]

我繼續陳述一個我認為還不夠清楚的想法，它始於我在新加坡管理大學和英國查塔姆研究所的演講：

一個經濟體提供有價值工作的能力，指的是這個經濟體從某種差強人意的水準，邁向能提供顯著的個人發展與成長的水準，這個**經濟體**需要**活力**以產生足夠的創新流，……**資本主義**的活力就是激發大量的企業點子，企業家勤奮、有幹勁的發展他們的點子，多元的融資者有商業頭腦去挑選想要支持的點子，這個經濟體進而產生源源不絕的企業**點子**，提供工作場所的心智刺激，引導需要解決的新問題，開啟通往自我實現與滿足之路。[21]

如果當時明確指出這種「活力」來自「人」，而非來自資本主義或任何其他經濟制度呈現的誘因（儘管，為促使人民在對的方向發揮他們的創造力，這些誘因是必要的），這篇論文會表達得更好。一個國家若想要有廣泛的自主創新，**人民**就必須具有活力所需要的**素質**。當然，一個資本主義經濟的組織如果很糟糕，不論它能夠透過其他源頭（例如：科學基礎或採用其他國家的最新發展）產生什麼創新，仍然可能阻礙人民的活力表現。

接下來幾年，我改進這篇論文想表達的思維。儘管有一些限制和失誤，不過，這些思維還是朝正確的方向發展。這篇論文的主題是人類的創造力，發揮創造力所帶來的收穫，以及這些收穫帶給社會的好處。

獨得諾貝爾經濟學獎

二〇〇〇年代，我開始時不時想到諾貝爾經濟學獎的獲獎主題，包括我一些朋友的獲獎主題。孟岱爾已經因為創建國際總體經濟學，於一九九九年得獎；阿馬蒂亞．沈恩因為對福利經濟學的貢獻，於一九九八年得獎；羅伯．盧卡斯因為新古典總體經濟學於一九九五年得獎。我感覺我該得獎了。二〇〇一年那場紀念文集研討會，有大批來自世界各地的人參加，更加深這種感覺。研討會上展現的熱情，應該有傳達給諾貝爾獎委員會成員，但並沒有效果。有人告訴我，有一群支持者把一堆提名文件放進手推車，送給諾貝爾獎委員會；但他們被告知，這麼做非但沒有幫助，還會適得其反。不過，我有我的研究工作要思考，我已經學會對諾貝爾獎不抱期待了。

二〇〇六年十月九日，星期一，電話來了。許多人問我，那是怎樣的體驗？瑞典皇家科學院（Swedish Royal Academy of Sciences）的常任祕書長古納·厄奎斯特（Gunnar Öquist）打電話告訴我榮獲諾貝爾獎的消息，我怕自己遺漏了什麼，問他，是否有其他人和我共同得獎。「沒有，」他回答：「你單獨得獎。」薇薇安娜和我欣喜若狂，我的父母若還在世，應該也一樣。

那天早上，有幾個人打電話給我，薩繆爾森是其中之一，他在電話上非常興奮的說：「你得獎了！而且是獨自得到的。」我日後獲得更多的獎項和一些頌揚，但有了那通來自厄奎斯特的電話，以及跟薩繆爾森一、兩分鐘的通話，我已經心滿意足了，不需要更多了。

哥倫比亞大學安排一場記者會，由校長李·博林格（Lee Bollinger）主持。記者會上，經濟學家傑佛瑞·薩克斯生動的回憶他在哈佛書店看到我的《就業與通貨膨脹理論的個體經濟基礎》一書問市時的興奮感。夏洛特·摩根（Charlotte Morgan）告訴我，那天晚上，電視節目《查理羅斯訪談錄》（*Charlie Ross Show*）的人打電話來邀請我上節目，但電話打不通。

在斯德哥爾摩舉行的諾貝爾週，有許多令人難忘的活動。其中，有幾個時刻我至今記憶猶新。第一天晚上，得獎人和諾貝爾獎委員會在紅廳（Red Room）共進晚餐；一個世紀前，劇作家暨畫家奧古斯特·史特林堡（August Strindberg）在這裡開創引領瑞典進入現代世界的行動，選擇在這裡舉行這場小型晚會，使我感受到這個國家對諾貝爾獎的重視。

瑞典人非常體貼。在這場盛宴上，薇薇安娜被安排坐在新當選的瑞典首相旁邊，他們為我們安排加長型禮車和最好的嚮導。瑞典經濟學家漢斯·蘇德史壯（Hans Tson Söderström）

與夫人邀請我們晚餐。有一天，我們參觀一整間掛滿瑞典經濟學家阿薩．林貝克的畫作，整個星期相當特別與難忘。還有一天，午餐會後，有人開車載我們穿越車水馬龍，來到一間教室，我很驚訝的看到加拿大經濟學家彼得．豪伊特正在向學生講述我在一九六八年發表於《政治經濟學期刊》（*Journal of Political Economy*）的一篇文章，內容是關於預期如何影響薪資的制定。他毫不費力就講解得無比清楚。對此，我很感謝彼得。

在諾貝爾獎委員會成員拉爾斯．卡姆佛斯（Lars Calmfors）主持的記者會上，我的研究論述被大大推崇後，一位記者高聲問：「為何你這麼晚才獲得這個獎呢？」其實，我也難以理解，但他們把這個獎頒給單獨一人時，必須特別謹慎。我最近發現，在我得獎後，鮮少有諾貝爾經濟學獎單獨頒給一個人。他們給予我這項殊榮，實屬不易。

諾貝爾週的結尾是所有得獎人聚集在基金會，受頒獎章，並向我們的東道主告別。我走向古納．厄奎斯特。握手時，他以他那低沉的聲音對我說：「好好利用它。」[22]

籌畫資本主義與社會研究中心

結束斯德哥爾摩之行，並且在假期充分休息後，我還得到更多獎項，其中一些獎項相當棒。其中一個感人的獎項是二〇〇八年的米蘭朵拉獎（Premio Pico della Mirandola）頒發給我、馬里歐・德拉吉、以及已故的義大利男高音帕華洛帝（由夫人代為領獎）。我也很高興，在二〇〇九年六月獲得由克莉絲汀・拉加德（Christine Lagarde）*頒授的法國榮譽軍團騎士勳章（Chevalier of the Legion d'Honneur），和一群朋友在陽光明媚的巴黎共享香檳與開胃菜。二〇一二年，都柏林三一學院（Trinity College）的大學哲學學會（University Philosophical Society）授予我「榮譽贊助人」封號，令我受寵若驚，此前獲得這項榮譽的名人包括美國眾議院前議長南西・裴洛西（Nancy Pelosi）和英國前首相邱吉爾。

---

*譯註：時任法國財政部長，曾擔任歐洲中央銀行行長。

這些獲獎及榮譽令我非常開心，但其他的事情也很重要，包括開發與指導哥倫比亞大學的一個新研究中心：資本主義與社會研究中心（Center on Capitalism and Society），以及我從未離開的教學工作。

這個研究中心是我在倫敦的歐洲復興開發銀行任職的那一年，我和羅曼．弗萊德曼及安傑．拉帕澤尼斯基（Andrzej Rapaczynski）在交談中孕育出來的。羅曼回憶，當他開始向時任紐約聯邦儲備銀行行長的威廉．麥唐諾（William McDonough）提到設立此中心的構想時，麥唐諾興奮的從椅子上站起來，真讓人振奮。構想成形時，我先告訴哥倫比亞大學教務長強納生．柯爾，然後向當時的校長喬治．拉普（George Rupp）提議。那個學年結束前，這個中心的成立就被批准了（拉普是擅長路德與新教宗教改革運動的神學家，似乎不太可能反對或阻礙研究資本主義優缺點的行動）。

這個中心在二〇〇一年年初開始營運。已經辭去耶魯大學教職、但仍是出色經濟學家的彭蒂．庫里提出發行一份期刊的構想，他和弗萊德曼協助創刊。最近加入哥倫比亞大學國際與公共事務學院（School of International and Public Affairs）的理查·羅伯則和庫里一起成立這個研究中心的顧問委員會，我是主任。一直擔任我的祕書的米蘭達·菲德史東（Miranda Featherstone）幾年後成為中心的行政經理。我們邀請阿瑪·拜德（Amar Bhide）擔任期刊的編輯，他從考夫曼基金會那裡爭取到贊助經費，一開始交由柏克萊電子出版社（Berkeley Electronic Press）出版。這個研究中心的創始成員共十人，除了我，還有羅曼·弗萊德曼、安傑·拉帕澤尼斯基、阿瑪·拜德、理查·尼爾森（Richard Nelson）、格倫·哈伯德（Glenn Hubbard）、約瑟夫·史迪格里茲、布魯斯·格林沃德、梅里特·福克斯（Merritt Fox）、彭蒂·庫里。

我擔任中心主任的第一個職責，就是尋找場地和經費，並指導研討會、刊物及研究計畫等活動。二〇〇二年一月，我邀請傑弗瑞·薩克斯成為研究中心的成員，他是哥倫比亞大學地球研究所主任，能夠提供我百老匯大道上的一間小辦公室讓我經營研究中心。在股市頗為低迷、沒有一個基金會願意提供經費支持的那些年，傑弗瑞在經濟上當我們的後盾。

我們的開幕研討會於二〇〇四年四月十六至十七日在哥倫比亞大學舉行。不過，我們研究中心當中的一些成員認為，二〇〇一年我的那場紀念文集研討會是這個中心存在的開端，因為當時出席的人大多數都參加這場開幕研討會。這場研討會的主題是「資本主義制度」，演講人包括保羅・沃克、威廉・包默、理查・尼爾森、史丹利・費雪、奧利維耶・布蘭查德（Olivier Blanchard）、羅曼・弗萊德曼及其他人。《經濟學人》的編輯克里夫・克魯克（Clive Crook）也與會。這些演講或許不是特別突出或引人矚目，但世上沒有其他研究中心會這麼做。這跟研究中心的發展方向與主題一致。

我們的第二屆研討會的主題是「嬰兒潮世代高齡化及其對經濟活力、繁榮與成長的影響」（Aging Baby-Boomers and the Consequences for Dynamism, Prosperity, and Growth），二〇〇五年六月在雷克雅維克的冰島大學舉行。我的學生、多年來也經常和我合著的吉爾維・佐加是共同籌辦人，演講人包括羅伯・孟岱爾和傑森・弗爾曼（Jason Furman）。此時，我們的研究中心已經成功啟航。

第三屆研討會主題是「透視歐洲大陸經濟體的效能」（Perspectives on the Performance of the Continent's Economies），二〇〇六年七月在威尼斯舉行。我們和慕尼黑大學及其經濟研究中心（Center for Economic Studies）共同主辦，我的共同籌辦人是德國經濟學家漢斯—維爾納・辛恩（Hans-Werner Sinn）。辛恩在研討會上發表一篇有關歐洲大陸經濟表現的論文，拉帕澤尼斯基和弗萊德曼共同發表一篇有關歐洲大陸經濟思想的論文，魯易吉・津加雷斯（Luigi Zingales）發表有關歐洲大陸產業組織的論文，我則發表有關於歐洲大陸價值觀的論文。我們在星空下舉辦晚宴，威尼斯大運河和古根漢美術館就在下方，賓客包括馬里歐・德拉吉和英國《金融時報》（*Financial Times*）首席經濟評論員馬丁・沃夫（Martin Wolf），這是令人難忘的一夜。我們後來交由麻省理工學院出版公司（MIT Press）在二〇一一年出版研討會的論文集《透視歐洲大陸經濟體的表現》（*Perspectives on the Performance of the Continent's Economies*）。

傑弗瑞・薩克斯之前提供的辦公空間和自治權，已經無法滿足研究中心的需求。所幸，在宣布我榮獲諾貝爾獎後，我們的境況徹底改變。公布得獎消息幾天後，見多識廣、充滿活力的知名德國商人彼得．永根（Peter Jungen）前來造訪，他看到我們研究中心的辦公室空間這麼狹小，資金這麼少，非常驚訝，立刻和哥倫比亞大學的新校長李．博林格簽約，他資助研究中心一段期間，哥倫比亞大學則會尋找一個合適的辦公空間。

等待新辦公室的那些年間，西方國家受二〇〇八年的金融危機震撼，美國的銀行及其他金融機構過度擴張放款，嚴重低估借款人申請貸款時的不實陳述。聯準會無力阻止整個西方世界後續的金融緊縮及最終導致的經濟大衰退，全世界遭受此波危機的衝擊。這場衝擊就源於百老匯大道上六十幾個街區之外。

我們的研究中心也經歷這次危機。第四屆年度研討會和外交關係協會（Council on Foreign Relations）共同主辦，於二〇〇七年十一月十四至十五日舉行，主題為「美國資本主義的活力：有何弱點？有何主要威脅？」（The Dynamism of U.S. Capitalism: Where Are the Weaknesses? Where Are the Main Threats），但這場研討會顯然辦得太晚，以致於無法廣泛探討金融業的錯誤與缺失。二〇〇八年十一月二十四日在墨西哥市的工業俱樂部（Club de Industriales）舉行的第五屆年度研討會，主題為「經濟活力與包容」（Economic Dynamism and Inclusion），當時必須解決墨西哥的問題。

不過，我們的研究中心最終還是以兩場研討會探討金融危機的問題。第一場是二〇〇九年二月二十日於哥倫比亞大學舉行的第六屆年度研討會「脫離金融危機」（Emerging from the Financial Crisis），克莉絲汀．拉加德和保羅．沃克是主講人；歐洲央行副行長、我的老友盧卡斯．帕帕季莫斯（Lucas Papademos）演講有關新金融業的監管。第二場是二〇〇九年十二月十一至十二日於德意志銀行柏林分行舉行的第七屆年度研討會「後危機時代的經濟政策：關於改造的建議」（Post-Crisis Economic Policies: Ideas for Restructure），由我的友人暨研究中心贊助人彼得．永根籌辦。若要說研究中心舉辦的多屆研討會中有哪一屆能和在威尼斯舉行的第三屆研討會媲美，應該就是第七屆研討會了，有一些銀行業者及貨幣專家與會，包括晚宴時的演講人羅伯．孟代爾和保羅．沃克。我們在一處可以俯瞰布蘭登堡門

（Brandenburg Gate）頂部四馬戰車的地方，享用美酒佳餚。

二〇一〇年夏末，新辦公室已經備妥！新辦公室棒極了，有一整排窗戶可以眺望曼哈頓的天際線。盛大的開幕式當天，校長李．博林格親切的前來祝福我們順利實踐使命。過去十年充滿美好時光，也經歷一場重大危機。現在，我對接下來十年我期望達成的事感到興奮。

第八章

自主創新熱潮，
有意義的工作與美好人生

新的十年來臨之時，我身上的諾貝爾獎光環已經淡了下來，但建立與檢驗一個新經濟理論的計畫正如火如荼的進行中。我已經在撰寫一本書，介紹那個有點歷史的理論架構（自二〇〇八年九月起，算起來有兩年多），並且打算盡量不拖延的完成它。我暫訂書名為《夢想與榮耀》（*Dreams and Glories*），後來出版時定名為《大繁榮》（*Mass Flourishing*）。這本書的第一部已經完成，由米蘭達・菲德史東編輯；當她成為資本主義與社會研究中心的行政經理時，就由我的新助理法蘭西絲卡・瑪利（Francesca Mari，她也是哈佛大學主修文學的學生）接手編輯的工作。

但接著，發生了一件特別的事，這件事或許導致此書稍稍延後完成，卻也擴大外界在此書出版前後的興趣。

二〇一〇年一月初，中國商人暨慈善家陳發樹邀請我出任他捐錢創立的閩江學院新華都商學院（位於福建省首府福州市）院長，這項邀請令我好奇，甚至興奮。那個月稍後，我在瑞士達沃斯（Davos）舉行的世界經濟論壇（World Economic Forum）上遇到李・博林格，我問他，哥倫比亞大學有沒有不允許接受這種第二份工作幾年的規定；他說沒有。

我取得哥倫比亞大學的同意，並且發現，前往中國擔任這個職務並不會對我的新書撰寫進度造成多大的延遲。我開心的展開這趟未知之旅。很快的，簽約儀式確定三月要在北京舉行。早上的簽約儀式順利進行，新華都商學院正式啟航。下午，新華都集團總裁暨執行長唐駿對於新華都商學院的使命發表演講，聚集中國所有的電視台前來拍攝及報導。唐駿步出會場時，告訴我，幾小時後，全中國和全世界都會知道這所新成立的商學院。確實，新華都商學院在中國漸漸變得出名。六月十三日，破土典禮於新華都商學院所在地的閩江學院校園舉行，當天大風大雨，他們在已經大興土木的工地旁邊撐起多把大傘，我們在遮蔽風雨的大傘下，鏟起一些泥土，象徵「破土」。這是一件非凡之事，反映創立此新學院的非凡決心，也是令人難忘的新冒險開始。

中國經歷教我的事

新華都商學院、新任理事長何志毅、以及教授團似乎並不期望我幫忙規劃課程（雖然，我覺得我確實影響這所商學院的籌備），而是期望聘我擔任院長，使這所商學院引起商界和福建省政府的注意。何志毅為我們樹立一個榜樣，他花了一個月走遍福建省，面談可能的入學者。

學習漸漸變成雙向。愛爾蘭裔法國經濟學家理查・坎蒂隆（Richard Cantillon）在一七○○年左右出版的自傳中說，他造訪上海時，看到中國人的高度勤奮，非常感佩。我雖然在書上讀過，但在實際造訪中國廠商時觀察到幹勁與專業之後，仍然大為吃驚。他們的生產力高，使中國在全球市場的占有率大為提升，這主要歸功於他們的熱忱與技能。有一天，我被安排參觀一座大量製造拉鍊的工廠，參觀完畢，邊喝茶邊聊天時，我說zipper（拉鍊）這個英文單字是以使用它時發出的聲音來取名的，並提到這位創新者住在紐約市。這間公司的領導人說：「是的，我們對那個家族很了解，他們現居佛羅里達州。」跟許多產業一樣，這個產業有競爭，也有交流與合作。中國廠商已經成為這個產業的要角。

過了一段時間，我開始覺得必須在對中國聽眾的演講中加入我正在發展中的論點（一些起初應用於西方先進經濟體的論點）。因為一個經濟體可以充滿從事本土創新的企業（或開放讓企業從事本土創新），這點很重要。當然，在中國經濟體系中，許多企業已經構想或發展出新產品或新方法，或兩者皆有。二〇一二年，我參觀中國產業發展時，對一家工廠發展及使用的先進機器人留下深刻印象。我建議全中國的企業都應該熱切提出可打造新產品、新方法的新點子。

新華都商學院、哥倫比亞大學資本主義與社會研究中心在中國都變得有些名氣，自然會開始合作一些計畫。二〇一三年三月，我們在北京舉辦一場特別的研討會「中國的未來十年」，我利用這個機會發表我的論點：擴大經濟體系中的創新。美國經濟顧問委員會前主席暨哥倫比亞大學商學院院長格倫．哈伯德親蒞研討會演講；阿瑪．拜德和理查．羅伯也是；萊喬．伯吉洛夫（Raicho Bojilov）發表一篇論文，探討促進創新的職業選擇與教育。

在擔任新華都學院院長前後，我還有其他在中國演講的機會。二〇〇一年左右，我受林毅夫的邀請，前往北京大學演講，這是我第一次在中國演講。在搭乘他的車子返回市中心的路上，我問他，為何路上騎自行車的人會面露微笑，他回答：「這跟他們的所得提高有關。」二〇〇四年左右，中國發展研究基金會（一九九七年創立於北京）的副理事長盧邁前來哥倫比亞大學資本主義與社會研究中心，力邀我在即將舉行的中國發展高層論壇年度研討會上演講；我們的長期友誼由此展開。

二〇〇五年舉行諾貝爾獎得主北京論壇。晚餐時，邀請我與會的羅伯特．孟岱爾坐我旁邊，他跟我說：「那些記者會為每位演講人取代號。」我問他，是否知道我的代號，他說：「深度思想家，托賓的背叛者。」我才沒有背叛托賓，我證明並發揚他的凱因斯學派思想呢！

大約二〇一〇年的時候，我在北京大學（著名的哥倫比亞大學哲學暨教育系教授約翰．杜威約在一個世紀前協助創立的大學）做了一場晚間演講，談論資本主義和社會主義。巨大的禮堂擠滿學生，有些學生彷彿懸掛在禮堂的天花板上，氣氛非常熱烈。熱情專注的口譯員林艾美（Amy Lin，音譯）更炒熱現場氣氛。多數口譯員的做法是演講人講一句，他們翻譯一句；但林艾美讓我讀一整段的講稿，她快速做筆記，再以中文講述。演講後的問答部分也很精采，堪稱我的授課生涯中最刺激的一次。

那十年間，我對中國經濟的涉入更深更廣。首先是二〇一二年參加每年在海南省進行的博鰲亞洲論壇，這個論壇的宗旨在為亞洲企業領導人提供一個類似世界經濟論壇的平台。除了演講，我也很高興能和長期擔任中國人民銀行行長的周小川同台。翌年的博鰲亞洲論壇則是和花旗銀行前董事會主席暨執行長威廉・羅德斯（William Rhodes）同台。

我還受邀加入一個政府機構，是中國總理李克強掌管的國家外國專家局，我在他們的年度會議中講過兩次話。其中一次是在寬敞的人民大會堂，就是在二〇一三那年的秋天，我首次見到李克強。在一張合照中，我伸出右手與李克強握手，同時左手遞給他一本我的新書《大繁榮》，他喊：「我讀過這本書，但我想要你在這本書上簽名！」這是我們之間友好的開始。後來，在其他類似的場合中，我們總是很開心碰面。

我也和福建省官員交流。我在二〇一四年獲頒「中國政府友誼獎」，有部分是基於這些互動與交流。當年還有其他人獲獎，頒獎典禮盛大而溫馨，總理李克強也親臨致賀。

那些年，薇薇安娜和我很榮幸兩度與總理李克強及其他人私下共進晚餐。在第一次的晚宴上，李克強很好奇的問我，我最喜歡的美國哲學家是誰，我說查爾斯．波爾斯（Charles Peirce）和威廉．詹姆斯。幸好我有提到波爾斯，因為李克強顯然讀過他的作品，李克強似乎因此很愉悅。我們又繼續聊了其他話題。一小時的交談結束時，我覺得很幸運能有這次的會面。

大約一年後，我們再次共進晚餐。這次，他很高興看到中國最近的經濟進展，尤其是他大力推進的進展。他很驕傲的向我展示資料，中國經濟體系中新創企業數量大增，似乎可以預期中國經濟中創業活動會增加。我告訴他，我期望這些新創企業能推出自己構想出來的創新。他已經讀過《大繁榮》很多的內容，因此，他知道我在說什麼，但他對這點保持沉默。

自此之後，李克強顯然對於市場上很多企業家銷售他人創新，而非自己推出創新的情況感到很滿意。很遺憾，中國現在已經走往非常不同的方向了。

創新、有意義的工作與經濟成長新理論

《大繁榮》花了將近五年的時間撰寫，二〇一三年八月由普林斯頓大學出版公司出版（簡體中文版由中國中信出版社在同月出版；法文版由Odile Jacob出版，西班牙文版由RBA Libros出版，全部在二〇一七年出版）。誠如芬蘭哲學家埃薩・薩里南（Esa Saarrinen）所言，這本書是我的得意力作。

這本書介紹「自主創新」的概念，意指在一國內部浮現的創新。這種創新利用人們的觀察，利用他們的私人資訊和個人知識，以及他們的創造力與洞見。有人可能好奇，這個新理論過去是否已經提過，只是現在被遺忘？我想不到以前有誰曾經提過。有人可能懷疑，法蘭克・奈特一九二一年出版的《風險、不確定性與利潤》就算沒有大張旗鼓的說，起碼也提到有志於創新的人將在追求獲利的路上面臨不確定性；但實際上，奈特這本書中並未提及這點（奈特這本書是在相當不同的內文注釋中使用「創新」一詞）。

過去，一九三〇年代，奧地利學派領袖腓特烈．海耶克在經濟學中提出「不完全資訊」的概念；一九五〇年代，匈牙利哲學家暨化學家麥克．波蘭尼（Michael Polanyi）提出「個人知識」的概念（我真希望波蘭尼當年在耶魯大學演講這個主題時，我能見到他，但當時我人在麻省理工學院）。這些概念雖然重要，但它們的目的都不在於提供一個創新理論。

海耶克在一九四五年發表的一篇論文中明確指出，他討論的是對於環境改變的**「調適」**，而非一般所稱的「創新」。[1]調適與創新不同，調適具有可預測性，它們不需要直覺式的躍進。調適是遲早會發生的反應，並不會使環境停止改變。反觀創新並不取決於現有的知識與資訊，因此是無法預料的。英文的「創新」（innovation）一詞源自拉丁文nova，也就是「新」（new）的意思。正是因為無法預料，一個創新可能具有顛覆力、破壞力。創新是調適過程中發生的事，創新可以「累積起來，驅動經濟『實務』走上原本可能不被察覺、短暫停留的目的地」。[2]

一九五八年波蘭尼出版《個人知識》（*Personal Knowledge*），第一句話就明確指出，他的注意力聚焦在實驗室裡努力增進「科學知識」的科學家，不是經濟體系中考慮嘗試創新的人。他寫道：「這主要是探討科學知識的性質與合理性，我想建立一個可替代的知識理念。」[3]不過，你或許能從波蘭尼對實驗室研究人員的觀點，和我在《大繁榮》書中對國家產業中創新者的觀點之間找到一個廣義的相似性。當然，某個領域理論家的論述，和另一個領域另一個理論家的論述會有一些共通點。

撰寫《大繁榮》時，我看出自主創新的三個主要要素是：在工作中展現的能力；擁有這些能力的國民所擁有的欲望；展現這些能力所獲得的顯著報酬。

想像力與創造力

這個新理論的主要假設是，人們普遍具有想像力與創造力。當然，這種普遍程度不如人們看得到和聽得到那麼普遍。在經濟學領域，這不是一個常見的假定（我的論文〈人口增加〉〔Population Increase〕中的一個假設是，全球人口的增加將使新點子增加，這個假定也不常見）[4]。主要基於創造力的經濟成長理論、甚至是人生體驗理論，可以說是前所未有的。長期以來流行的理論是：經濟成長的主要基礎是探險家、拓荒者和冒險的商人獲得的發現，或是科學家和實驗者獲得的結果。

我開始撰寫這本書的初稿時，碰巧看到人們擁有及展現創造力的顯著證據。二〇〇九年，科學雜誌《自然》（*Nature*）刊登德國杜賓根大學（University of Tübingen）考古學家尼古拉斯．康納德（Nicholas Conard）及其同事的文章指出，該校的研究人員挖掘出土三萬五千年前居住於歐洲的穴居人使用骨頭製作笛子。沒有證據顯示，在中歐或整個歐洲，僅僅這個洞穴的穴居人才具有這種才能或欲望。很顯然，遠在一千個世代之前，**智人**就已經發揮想像力和展現創造力。[5]這為《大繁榮》的論點提供相當大程度的支持。

這個洞穴的發現帶來的主要進展是，我們不能說人類缺乏創造力，這點與許多、甚至是大多數的經濟思維相反。很顯然，早期經濟體的參與者並非普遍缺乏創造的欲望，他們發明、測試供他們自身使用或娛樂的東西，例如，康納德及其同事在洞穴中發現的笛子。早期人類沒有組織起來，去創造在社會中使用的新東西，早期的經濟體也沒有心態和制度去促進與鼓勵人們嘗試創新。

若創造力和想像力在一國之內很普遍、常見，那麼，在大量湧現創新的西方國家，像是一八七〇年至一九七〇年的美國，以及較短期間的德國與法國，正式廣大國民有這些才能與本領，才助長這些國家起飛，邁向持續創新（sustained innovating；我借用經濟學家華特・羅斯托的描述）。這些才能與本領促成驚人的創新，但又是什麼點燃創新之火呢？是什麼驅動「活力」，來利用人們的才能與本領？

將平凡人變創意人的「活力」

顯然，經濟制度並不是這股巨大、空前的創新背後的驅動力，經濟制度只是必要工具而已。市場經濟和資本主義制度已經行之有年，甚至可以說運行了幾世紀，它們只是促進新現象的出現。《大繁榮》的論點是，這種創新源自受創新風氣激勵的人們，像是時代精神及其領導人物，這種精神點燃的火花，燃起人們的想像力。

我的這本書認為，雖然一些創新是經濟體系外的種種發現所衍生與促成的結果，一個國家的持續創新（自主創新）現象普遍源自其人民的創新欲望，而且通常是已經參與經濟活動的人的創新欲望。同樣的，這本書關心的「草根創新」（grassroots innovation）源於包括「一般人」在內人們想創造新東西、以及看到它們被使用的欲望。書中常使用「活力」一詞來簡略表達這種自主創新的極大欲望與能力。[6]

這本書進一步論述這種活力是由多種深層力量的結合所產生，這些力量包括想改變事物的欲望、對新事物的接受度、想像及創造的準備。當然，若沒有法律等促成創新的制度，將難以產生創新。這種活力的出現使商界人士思考是否有更好的做事方法，或能否做出更好的東西，結果是帶來蛻變的「現代經濟」。經濟參與者容易受到新商業點子的啟發，進而變成管理創新流程的研究者和實驗者：

一個現代經濟把各式各樣的人變成「創意人」（idea-men）……，它是一個巨大的想像館（imaginarium），這是想像新產品與方法、想像如何創造它們、想像它們可能被如何使用的場所。它的創新流程利用現代化之前經濟中未被利用的人類能力。這個觀點與熊彼得在一九一二年提出的論點大大不同，熊彼得認為，創新仰賴企業家的組織能力，來籌畫基於「外面的探索與發現」而衍生的計畫。他所說人們的欲望與能力，指的是「賺錢」的欲望和「把事情完成」的決心。[7]

這種活力的出現，以及它生成的「想像館」，引發一個疑問：在那些國家中，究竟是什麼導致它們出現？

西方世界為何在一八七〇年左右湧現大量創新呢？這點從來就不缺乏解釋。一八五八年，亞伯拉罕·林肯巡迴美國各地所看到的，使他心生一種新的感覺：「年輕的美國對新事物擁有極大的熱情，這是十足的狂熱。」[8]但是，林肯並不清楚，是什麼使得從事各種經濟活動的人們想要購買新東西。同樣的，十九世紀末至二十世紀初期著名的哈佛大學經濟學家法蘭克．陶西格（Frank Taussig）把美國的卓越歸功於「美國佬的聰明才智」（Yankee ingenuity），彷彿他們的創造才能是來自某種遺傳優勢。[9]他沒有解釋，是什麼促使人們發揮聰明才智；或者，為何在美國的人們發揮聰明才智的程度高於大多數國家的人們。我的這本《大繁榮》也指出，十九世紀興起、到二十世紀仍然持續的「現代體驗」：不停的改變、不停的解決問題、遇見新事物的樂趣，以及包括現代音樂、現代藝術在內林林種種的事物。

主要驅動力：價值觀與知識

要如何解釋現代社會，以及其現代經濟散發高度活力的現象呢？「是什麼使得現代經濟變得現代？」[10]，主要的驅動力、源頭、刺激因素是什麼？

《大繁榮》的論點是：新點子（新產品或更好的生產方法）的形成，是由正確的價值觀驅動的。人類史中一項文化轉變提供能量，驅動現代經濟的興起：

> 西方世界（一些西方國家，以及在這些國家中發展程度不同的地區）逐漸養成一套**價值觀**，這套價值觀成為現代經濟的**社會思潮**，也就是活力背後代表的精神。這種社會思潮的興盛有部分是因為人文主義，有部分是現代主義。在這些思想風氣形成關鍵多數的國家，它們激發現代經濟的創立……（這種新文化的元素最早其實出現於幾個世紀以前並不重要，因為其他關鍵元素是更近代才出現的）。[11]

高度活力主要（但不只）來自被教育去使用想像力與洞察力來開創新方向的人（包括商人），還包括想在工作中嶄露頭角的人、願意憑直覺而行動的創投業者、以及許多願意率先採用新產品或新方法的終端消費者或生產者，儘管並不清楚這些新產品和新方法的價值是多少。這需要人們具有抱負、好奇心、以及自我表現的欲望。[12]因此，一個現代經濟需要一個擁抱現代價值觀的社會。

現代主義價值觀包括對他人的態度：樂意接受同事期望的改變、渴望與他人共事、渴望競爭、願意主動出擊。其他的現代主義態度包括：渴望創造、探索及實驗；克服挑戰；投入工作。在這些渴望的背後，需要發揮個人的判斷力，運用自己的想像力，根據自己的洞察而行動。這是一種將航向未知領域可能伴隨而來的意外後果視為寶貴體驗的精神。[13]

這種現代主義與主張社會和諧、服務他人和家族的傳統主義大不相同。在傳統價值觀之下，個人通常被教成順從一個團體，更可能形成統合主義經濟（corporatist economy）。團結一致和社會保護是統合主義經濟的兩個特性，並不利於高度活力或創新，主要是因為這些特性更看加重視從眾，而非創造新東西。但是，在被視為現代化的社會裡，往往也能夠發現傳統主義的色彩。

在《大繁榮》書中，這個「現代價值觀」（這些價值觀往往被稱為人文主義）的主題是要角，因此，很難不談其歷史。本書把這些價值觀區分為三類：個人主義、活力論（vitalism）、自我表現。

個人主義伴隨文藝復興運動興起，文藝復興時代哲學家喬凡尼・米蘭多拉（Giovanni

Pico della Mirandola）在其著作中寫道，既然人類是上帝用祂的形象創造出來的，那麼，人類必然某種程度上具有上帝的創造能力。因此，個人主義鼓勵人們去開創自己的發展道路。同樣的，馬丁·路德呼籲基督教信徒自行閱讀與解讀聖經，這反映出個人主義的兩個基本層面：使用自己的判斷力、以及獨立思考。之後，法國啟蒙運動領袖伏爾泰（Voltaire）一七五九年出版的《憨第德》（*Candide*）中，特別鼓吹個人主義的其他層面，像是經濟獨立，拒絕墨守成規。[14]

活力論的興盛，其重要性不亞於個人主義，在探索時代（Age of Discovery），它以不到一百年的時間從義大利開始，橫掃法國、西班牙、及英國。現代早期的傑出人物在他們的人生中展現這種素質：本韋努托·切里尼（文藝復興時代傑出的雕塑家，是白遼士〔Berlioz〕一部歌劇作品的主人翁）致力於追求自己的成就與成功；法國哲學家暨文學家米歇爾·蒙田在其《隨筆集》（*Essais*）中抒發內心生活與個人成長、或「流變」；西班牙小說家米格爾·塞萬提斯在《唐吉訶德》（*Don Quixote*）中描寫各色人物被困在毫無挑戰可言的生活中，無趣到令唐吉訶德幻想他們去尋找充實人生的活力；莎士比亞在《哈姆雷特》中描繪故事主角的內心掙扎與勇氣。[15]這些人在各自的作品中都展現出已經成為現代生活一部分的活力。

同樣重要的是已經成為普遍渴望的「自我表現」，表現在一種前所未有的冒險精神上。英國小說家丹尼爾．狄福的作品《魯賓遜漂流記》講述一個年輕人藉由航海冒險，展現他的獨立性。愈來愈多的作曲家如克勞迪奧．蒙台威爾第（Claudio Monteverdi）和亨利．普賽爾（Henry Purcell），以及畫家如克洛德．莫內（Claude Monet）和威廉．透納（William Turner），追求透過他們創作的作品來表達自我。

但是，光有創新的欲望，並不足以產生在商業上獲致成功的新產品與新方法這樣的「創新」。具有正確的價值觀是創新活動蓬勃的必要條件，但非充分條件。舉例而言，想要在生產流程中引進一種更好的器材，或是生產一種更好的產品，除非構思出一種生產方法，否則，這樣的欲望將無法實現，這是啟蒙運動的貢獻。

十八世紀後葉的啟蒙運動中，首次引入在設計新生產方法所需的第一個洞察。哲學家大衛・休謨指出，理論想像是理論知識的進步之鑰，他在一七四八年出版的著作《探索人類的理解力》（*An Enquiry Concerning Human Understanding*）中解釋，新知識並非源自對世界的直接觀察和現有思想。我們的知識從來就不是一個完全封閉的系統，因此，創見可能打破現有的系統，新知識是從想像這個系統中尚未被研究的部分可能如何運作開始（這類想像可能是由一次的發現所激發，但未必需要有發現才能激發想像）。[16]

在早年的美國（這塊人口不斷成長的土地），湯瑪斯・傑弗遜（Thomas Jefferson）也提倡一個經濟體應該充滿可以自由經營自己的獨資企業、從事草根創業行動的參與者。這種個人主義、活力論、以及自我表現，成為西方世界的核心信仰的一部分。但是，傑弗遜更進一步，如同我在《大繁榮》中所言：

除了他那句不朽名言：「生命、自由與追求幸福的權利」，他還在當代美國人心中注入兩個主張：第一個信念是，人人皆有追求個人成就的精神權利……；

第二個信念是後來由齊克果和尼采兩位哲學家加以發揚的存在主義思想：唯有透過一個人的自身行為，才能擁有真實的生命。我們也許會、也許不會找到這種「幸福」，但我們必須追求它。這兩個主張是我們常稱之為現代主義的縮影，它們反對傳統主義的思想，因為那些思想把每個人教育成順從團體。17

二十世紀出現活力論哲學家。在威廉·詹姆斯稱為「流變哲學」（flux-philosophy）的理論中，他強調新問題與新體驗帶來的興奮，是美好生活的核心元素。亨利·柏格森在一九〇七年出版的《創化論》中提出，人是「生命衝力」（élan vital）所激勵的，並且描述變化的過程：當人們認真、高度參與富挑戰性的計畫與工作時，將發生「流變」的過程。18

十九世紀時，伴隨這些價值觀開始滲透社會，它們導致（由於參與者很多，因此是相當直接的導致）經濟的特徵改變。誠如瑞典經濟學家古斯塔夫·卡塞爾在一九二四年出版的《社會經濟理論》（*Theory of Social Economy*）中所言，在企業裡，「熱情」（zeal）水準升高，可能激起更多投資，因而推升資本存量。更重要的是，冒險追求開發新生產方法及新產品的欲望，把美國和幾個其他國家推向高度自主創新，而不是仰賴航海探險者及科學家們的不斷探索與發現的創新。自主創新遠比這類探索與發現更為重要。這種自主創新通常會在一國的整個經濟體系中普及，促成自一八七〇年代起一直持續至一九七〇年代初期的空前經濟成長（以總要素生產力衡量的經濟成長）。

愈來愈多的企業推出獨特和源源不絕的新體驗，伴隨的回報不只是企業獲利而已，最終也使得十九世紀的薪資普遍提高。對於在那些國家的許多人民而言，擁抱可助長自主創新的新現代價值觀，使得工作性質徹底改變，刺激心智、創業機會，以及未知帶來的興奮感，這一切皆讓創新者得到鼓舞。對創新者而言，這一切都會讓人不那麼在意嘗試創新而失敗的可能性。[19]以現在的話來說，很多人在他們的工作中「茁壯」（flourishing）。

讓經濟不只繁榮，更「茁壯」

在一個現代社會，「茁壯」來自體驗新東西：可供發展與交流的新處境、新問題、新洞見和新點子。無疑的，大規模「茁壯」需要人們廣泛的參與創新流程：構思、發展、以及散播新方法和新產品，這些全都是從草根做起，是自主創新流程的一部分。

這種經濟體系呈現一個不同的世界，一個不僅僅在自由市場上競爭的世界。提供很多擁有自主感（sense of agency）的工作，也就是這種工作要人們負起責任，展現主動精神。只有在現代國家，才有普遍冒險航向未知領域的可能性。

當然，富有活力的經濟也提供更多的「成功」（prospering）（意指根據個人表現得到更高的報酬）。這種經濟不僅使那些不論如何都能成功的人以更快的速度成功，可能也使那些原本無法成功的人得以成功。

換言之，富有活力的現代社會經濟提供的回報，即一八二〇年代英國和一九六〇年代美國、以及隨後的德國與法國**普遍**得到的回報，是**體驗**十九世紀與二十世紀哲學家們所說的美好生活，而非只是賺錢。

因此，本質上，《大繁榮》的論點是：為了安全與享樂的目的而工作、儲蓄、投資以外的這些人生的新可能性，為點燃現代經濟提供火種，而且這些經濟將帶來的空前體驗。信奉活力論、愛冒險的人為他們國家的經濟注入活力，產生廣泛的自主創新，帶動國家的經濟成長，使許多人擺脫貧窮。儘管現在經濟遭遇阻力，仍舊得以出現和發展。

此外，許多人能夠參與、構思新方法或新產品的過程，也可能使他們感覺自己在從事有意義的工作。到了二十世紀中期，大多數現代經濟體中人們會談論「工作滿意度」，他們了解到，有價值的工作提供的高滿足感，起碼跟獲得或擁有高財富帶來的滿足感一樣重要。工作與職涯都變得生氣勃勃，各行各業的人們可以發揮他們的創造力和想像力，看到自己邁向成功。

《大繁榮》也講述現代主義和統合主義之間、以及現代主義和社會主義之間的對抗，如書中所言：「〈世界史第二部〉全是關於現代主義和傳統主義之間的拉鋸對抗；一八〇〇年代初期至一九〇〇年代晚期，西方世界內反覆在交戰。」[20]在現代主義占上風、傳統主義式微的地方，現代經濟得以發展，社會得以繁榮，就像是英國和美國。

但是，在一些時期和幾個西方國家，傳統主義漸漸復活，現代主義式微，國家經濟衰退，包括一九二〇年代的德國、一九三〇年代的法國、一九四〇年代的英國、一九七〇年代的美國在內，原本遍布的「茁壯」在各地幾乎接近尾聲。近代的一些政治運動是否與現代主義的式微和傳統主義的復活有關？這是值得研究的一個主題。

一場徹底的變革

這個首先出現在《大繁榮》、後來被進一步闡述的創新理論中，與一般的創新理論完全不同，「新經濟點子與經濟之外的進步無關」的概念對於數十年來的經濟學家而言都是陌生的。畢竟，一九〇〇年代初期，以亞瑟·史匹道夫為首的德國歷史學派闡述的經濟發展根本源頭，是科學家與冒險航海家們的探索與發現。[21]

熊彼得在一九一一年出版的經典之作《經濟發展理論》中指出，一些國家大量出現的新產品與新方法，源自科學家和探險者獲得的發現，但需要企業家去發現、應用這些新的機會，判斷它們可能的商業價值，或許還需要募集資金來開發、行銷它們。但他的論述中並未提到商人的創造力與想像力，事實上，熊彼得在這本名著說，他從未見過有任何創造力的商人！就這個關鍵重點上，《大繁榮》的理論徹底與德國歷史學派（例如：德國經濟學家史匹道夫和瑞典經濟學家卡塞爾）及熊彼得提出的理論不同。[22]

現在讀者應該已經能夠看出，《大繁榮》書中創新理論的邏輯是：一個國家若有充分、適當的價值觀，就能提供必要的活力燃料，激發廣泛繁榮茁壯所需的大量自主創新。當然，光有這些必要條件並不足夠，還需要適當的制度。西方世界很幸運的擁有非常寶貴的政治自由與資本主義制度。

政治自由制度始於十三世紀英格蘭的《大憲章》（*Magna Carta*），資本主義制度始於十四世紀的漢堡及十五世紀的威尼斯。排除在墨索里尼統治下的義大利、德國的威瑪共和國（Weimar Republic）、納粹德國、大蕭條時期的美國與維琪法國（Vichy France）扎根，並且大大限制資本主義的統合主義或威權主義（但在此我要指出，近年間統合主義又恢復力道）。當然，光有自由與資本主義也不夠，許多評論家和經濟學家似乎未能認知到這個重點。

在我看來，《大繁榮》的論點可說是人類史上一個非凡事件。對於西方世界出現長達一世紀的繁榮與經濟快速成長（以總要素生產力所衡量的經濟成長），提供站得住腳、甚至具有說服力的解釋。不過，從另一個角度來看，這個歷史論點指出建構一個正式的創新理論的基石，例如，一個國家的創新成熟模型。我們可以在現有模型上增添的一個模型。

在建立一個正式的總體經濟模型時，或許應該設想，處理新商業點子和挑選點子時會使用的流程與制度。思考這一點的時候，我想到中世紀的市集，在當時的市集裡，買方自行選擇向哪些賣方購買產品。我想像，有一天，有一種如童話般的經濟體系：有些人想出生產與銷售新東西的點子，他們前往市集出售他們的點子，他們走過圍成大長方形或圓形的眾多攤位，向可能的創新者講述與兜售他們的點子。

我想，可以建構一個初始模型，拿現有模型來測試這個初始模型的效力。以史匹道夫—

梭羅模型（Spiethoff-Solow model）為例，在這個模型中，驅動力是科學進展，以經過的時間來表示（是強制函數〔forcing function〕*，$f(t)$），或者，以阿吉昂—豪伊特模型（Aghion-Howitt model）為例，在這個模型中，驅動力是公司的研發活動。或者，也可以把這個初始模型放進一個合成模型裡，使用標準的計量經濟學方法，去估計在合併模型中每一個因果變數的相對重要性。[23]不過，我們也可以用直接的方法去推估，一個國家的價值觀對經濟表現相對於其他社會的重要性。

推估現代價值觀的影響力

由於我對文化的重要性（尤其是特定價值觀扮演的角色）感興趣，我開始好奇，從家計單位調查匯編而得的價值觀資料，是否能看出經濟表現較好的國家具有高度特定的價值觀。

＊編注：在動態系統中描述外部驅動或影響的函數。它表示該系統受外部刺激或變化，可能是時間、空間或其他因素的函數。

若沒有絲毫跡象顯示一個經濟體的表現（包括工作體驗），跟這些調查中顯示的人們心態有關連性（或多或少有關連），我恐怕不會繼續撰寫《大繁榮》一書。

二〇〇五年時，我找哥倫比亞大學博士班學生萊喬．伯吉洛夫和露米妮塔．史蒂芬斯（Luminita Stevens）去蒐集資料，以了解價值觀對經濟表現的影響力。但即使大量資料在手，卻鮮少資料能大致反映我想要的現代價值觀。二〇〇六年七月，我在威尼斯舉行的第三屆資本主義與社會研究中心研討會上發表論文〈經濟文化與經濟表現〉（Economic Culture and Economic Performance），提出一些資料和結論。

其中有兩項文化變數很明顯：「工作重要性」對參與率和失業率有相當程度的影響；「工作參與度」或「榮耀感」對生產力有相當的影響。在這些層面，許多人認為歐洲人是刻苦的工匠，美國人比較現實；因此，若歐洲人在這兩個項目上的平均分數與其他國家的人分數相當、或較高，我們不會感到詫異。我們的調查發現，歐洲工作者的這兩項得分較低：「資料顯示，在工作重要性方面，美國是〇．一七，比德國的〇．一一還高；加拿大的〇．

一一比義大利的〇・〇八還高；英國的〇・〇七比法國的〇・〇四還高。在工作參與感方面，美國的二・八七比義大利的二・〇三還高；英國的二・八〇比德國的一・七九還高；加拿大的二・七〇比法國的一・七四還高。」[24]

我在這篇論文中寫：「我們可以從這裡詳述的實證結果合理的推論，一些文化特性確實**在一或多個層面**影響一國的經濟表現……，一國若少了這些特性，會使這個國家的經濟表現在一或多個層面上表現較差。」[25]二〇〇八年於景色優美的波登湖（Bodensee）畔舉行的林道諾貝爾獎得主會議（Lindau Nobel Laureate Meeting）上，我也和露米妮塔・史蒂芬斯一起發表一些資料與結論。

但是，關於每種心態或文化特性對經濟成果的影響性，其統計估計雖然令人感興趣，但這些統計估計本身並不怎麼重要。真正需要了解的是幾個主要關鍵特性的重要程度，而非許多關鍵特性中許多小特性的重要程度。因此，有必要簡化與匯總。我想知道，若我們走另一個極端，建構一個現代價值觀指數的話，會怎麼樣呢？我們會不會發現，那些現代主義指數較高的國家，它們的經濟表現水準（以多種以上的指標，比如工作滿意度來衡量）也較高呢？而且，我們何不也考慮建構一個傳統主義指數呢？

在二〇一二年於資本主義與社會研究中心發表的研究計畫報告〈工作滿意度：兩種經濟文化的影響性〉（Job Satisfaction: The Effects of Two Economic Cultures）中，萊喬．伯吉洛夫和我使用一種方法，為十八個先進國家建構其現代主義指數（Index of Modernism），然後檢視這個指數與平均工作滿意度的關係。估計出來的關係是正相關，一如《大繁榮》書中的預測。[26]

伯吉洛夫建議建構一個傳統主義指數（Index of Traditionalism），視傳統主義為阻礙現代主義的因子，將阻礙現代主義帶來的好處，例如：富挑戰性的工作與機會。我們發現，調查的十八個國家中，部分國家的傳統主義指數和平均工作滿意度之間呈現統計上的**負相關**。這個發現證實《大繁榮》提出的論點：在現代主義強烈的國家，現代主義直接或間接移除傳統的窒礙，有助於提高工作滿意度；這是純粹來自追求新事物、發揮自身創造力、以及探索未知的工作所得到的滿足感。

總的來說，《大繁榮》中闡述的三種現代價值觀，包括個人主義、活力論、以及自我表現，雖然還沒有令人滿意的衡量方法，但對於一些心態與信念的影響力，統計上支持這本書提出的論點：一國的現代主義價值觀增強、同時傳統主義價值觀減弱之下，可以激發高度活力，進而促進普遍的自主創新。

《大繁榮》的論點說明一個國家（尤其是大國）若有正確的價值觀，再加上適當的制度及其他條件，產生的創新將遠比從海外引進、以及國內外科學的新發現所產生的創新還多，這個論點對西方社會的重要性相當重大。意味的是，一國若明顯缺乏這些價值觀，不僅會導致經濟成長較為緩慢，重要的是，也會導致人們從他們的工作中獲得的滿足感顯著較低。

檢驗我的自主創新理論

《大繁榮》的出版引發一個疑問：美國、英國、法國、或許還有北歐國家的創新中，有一大部分是自主創新，亦即來自工作者本身的創造力，而非如同德國歷史學派（包括熊彼得在內）以及各地經濟學家所認為的，是來自科學進步和探險家的發現；這種創新的核心含義，能否禁得起一個以上的計量經濟學檢驗？

為了回應這個問題，大約兩年後，我邀請萊喬．伯吉洛夫、雲天德、以及吉爾維．佐加等人，跟我一起進行一項研究計畫，針對這個問題尋求一些解答（不出所料，研究團隊的成員對其他層面也有興趣，使得他們做了其他相關的統計調查，並且得出新模型）。這個研究計畫的最終成果是二〇二〇年由哈佛大學出版公司出版的的《活力》。[27] 二〇一七年至二〇一九年間，分別居住於紐約、雷克雅維克、巴黎和新加坡的我們，幾乎每週通電話，討論最近的研究發現。我的職涯中不少最刺激的談話，就是和吉爾維、雲天德及萊喬的對談，我每週都能感受到當週的挑戰、疑惑或驚訝所帶來的刺激。我永遠會感謝他們付出的巨大努力，以及我看到一些現代價值觀影響力的證據時那樣的快樂。

這項研究計畫起碼有三個發現對我的創新理論很重要。第一個是萊喬研究各國的總要素生產力成長率的源頭與傳播（根據法蘭西銀行〔Bank of France〕近期蒐集的歷史資料）所獲得的發現，如同《活力》一書所述：「有一個驚人的結果，證實我們所強調的自主創新的重要性：科學發現所衍生出來的外生性創新，並不具有重大意義。」[28]進一步的研究可能會更加證實這項發現。

吉爾維對價值觀的影響力進行統計調查，估計一套價值觀中每一個變數的解釋效力（影響力），這項統計調查獲得令人滿意的結果。他使用哥倫比亞大學教授哈洛德．霍特林（Harold Hotelling）於一九三〇年代提出的典型相關分析法（canonical correlation analysis），這個方法被其他社會科學領域廣為使用。吉爾維發現，不僅「信賴」很重要（我想，這既不是現代主義價值觀，也不是傳統主義價值觀），而且「採取主動意願、在職務上有所成就的欲望、教導小孩獨立、以及接受競爭，全都對總要素生產力衡量的經濟表現、工作滿意度、男性勞動參與度以及就業率有正面貢獻」[29]。很遺憾的是，在我們能找到的資料裡，沒有更多現代主義性質的價值觀。

雲天德使用新古典成長模型分析兩類型的機器人（增加型機器人*和增倍型機器人※）帶來的影響，並獲得一些重要的理論性發現。在探討機器人對經濟成長率的影響那一章，他發現：「增倍型機器人，也就是勞動擴增型機器人的問世，立即導致傳統機器存量下滑，……但並未導致實質薪資降低，因為增倍型機器人的增倍性質，抵消勞動擴增效應。」[30]他更進一步研究一個兩部門經濟模型◎，在此模型中，增加型機器人（即能夠取代人力的機器人）的問世，激發對傳統機器的投資，這將刺激自主創新。一旦我們脫離從第一個兩部門經濟模型出發，讓自主創新提高消費財部門的生產力，模型隱含著增加型機器人的使用將促成薪資率成長。[31]

身為研究西方國家的經濟學家，發現價值觀驅動自主創新的證據，並證明在自主創新較高的國家，工作滿意度也較高，這令我感到十分欣慰。此外，我們也發現，在創新增加的國家，有較高比例的受訪者說他們「很幸福」。[32]

不幸的是，在美國，從一八六〇年代首次出現，而且幾乎不斷增加的驚人成長率（縱使在大蕭條期間亦然），在一九七〇年代初期劃下句點。資訊科技革命使成長率改善了約十年（從一九九五年左右至二〇〇五年），但並未重現驚人成長率，迄今也未再現。

萊喬的計算顯示，美國二十年間總要素生產力的累積成長率，從一九一九至一九三九年間的〇．三八一，提高至一九五〇至一九七〇年間的〇．四四六，一九七〇至一九九〇年間下滑至〇．二四三，一九九〇至二〇一〇年間提高至〇．三〇二。[33] 一九九九至二〇一八年這二十年間的數字當然較低。法國、德國和英國的總要素生產力成長率則下滑得更嚴重；而且顯然，疫情絕對無助於提高成長率。

西方國家的成長率減緩，不僅意味著薪資率成長的減緩，也意味著投資報酬率的降低。而且，伴隨實質利率的下滑，股價與房價雙雙大幅上漲。結果是，我們見證財富價值的大幅

＊譯註：additive robots：能執行相同於人工的功能，因此可以完全取代人力的機器人。
※譯註：multiplicative robots：人工智慧和機器學習賦能的機器人，能幫助人類工作者提高效能。
◎編注：比如將經濟劃分為生產和消費兩個主要部門，來探討兩個部門之間的資源分配、生產和消費等關係。

上漲，但不清楚這對工作年齡層的人他們的抱負與夢想有什麼影響。經濟如此長期的減緩，必然導致工作滿意度的大幅降低，進而使得人們的幸福感大減。

同樣重要的一點是，並不是經濟體系中每個產業減緩的程度大致相同，而是多數產業深度衰減，一些新產業，尤其是高科技產業，則是持續成長或出現新成長。那麼，為何西方國家會顯著喪失過去助長空前創新的活力呢？很明顯的一個假說是，這些國家明顯失去產生活力所需要的價值觀，也就是那些從喬凡尼．米蘭多拉、馬丁．路德、賽萬提斯、大衛．休謨、亞當．斯密、一直到十九世紀的名人思想所衍生出來、在一定程度上取代傳統主義價值觀的現代主義價值觀。

高度成長與茁壯，何時重現？

《大繁榮》一書的結語呼籲西方先進國家重現「高活力的創造力：在整個經濟體系中，

從下到上、永不止歇的構思、實驗與探索，引領創新。」[34]這不僅是為了更多人的成功，因此呼籲追求快速的經濟成長，也呼籲要追求「大繁榮」，讓社會經濟體系中的工作者從事有意義及有價值的工作。

因此，雖然低薪工作者因為實質薪資率已長達數十載毫無起色而感到沮喪，在西方經濟體長達五十年的近似停滯之下，薪資較好的工作者也感覺工作滿足感降低。有沒有辦法在不付出過度成本之下，讓那些感覺衰退的西方國家提振經濟成長與促進茁壯呢？也許有辦法，但政治及理論上的問題造成阻礙。

政治方面，西方國家面臨種種挑戰，需要社會及政策制定者的關注，其中，最久遠的一項挑戰是低薪工作者的極低薪資率。另一個挑戰是種族歧視、性別歧視、以及在招募與升遷中對LGBTQ族群（非異性戀社群）的歧視。長久以來，處理這些歧視挑戰相當困難，因為歧視的證據往往難以取得，因此在這些問題上還有很大的改善空間。少數種族、女性和LGBTQ族群的人才可以扮演更積極的角色，幫助西方國家走出泥淖。

近幾十年間還興起一項新挑戰，這項挑戰在美國最為明顯，在英國、法國及其他歐洲國家的程度不一：勞工階級中，許多人欠缺資訊經濟所需要的技能，因此，那些所得較低者憎恨來自非白人和外國人的競爭，這是因為移民和教育水準長期提高所致。此外，那些人當中，許多人對於亞洲生產力的劇增、以及其導致東西方貿易條件顯著惡化，可能感到焦慮。還有許多人對於人工智慧的進步感到焦慮。這些人害怕他們的所得與社會地位下降。

當然，還有全球暖化、氣候變遷的嚴重問題，這些問題已經開始對地球及地球居民造成極大傷害，構成一個巨大挑戰：該如何阻止進一步的全球暖化，使氣溫下降，消除近年暖化的影響。一個高活力的社會可以在廣大產業中發揮主動創新的精神，把其他資源導向再生能源、對自然資源的保護等領域。

另一個發展是資訊科技革命形成的巨大壟斷，這是導致美國及其他如英國、德國與法國等先進經濟體近幾十年近乎停滯的一個原因（儘管不是唯一原因）。生產力成長的減緩導致種種後果，包括企業陷入較大幅度的資本報酬率遞減，因此導致報酬率顯著降低，進而導致資本存量和實質薪資率的成長速度大大減緩，家計單位面臨儲蓄只能獲得極微薄的利息，住屋或任何他們可能想購買的資產價格上漲，以及工作滿意度嚴重降低（這一點很重要）。

種種挑戰都需要新的政府方案，很顯然，面對這些要求政府充分干預的需求，西方國家承受沉重的壓力。當然，也不可能有足夠的稅收應付所有需求。若要以新的公共支出、補貼、減稅或財政赤字來應付所有需求，將更快導致更加緩慢的經濟成長，致使資本存量進入更低的成長路徑，實質薪資率也進入更低的成長路徑。

理論方面，問題可能相當複雜。例如，可能很難把成長與繁榮理論中的現有元素匯集成一個計量經濟模型，用以辨識成長與繁榮政策的每種機制改變的效果。這麼一來，我們就不能不切實際的認為，我們辨識出這些機制的「最佳」組合，彷彿我們對於應該最大化的「社會效用函數」已經達成一致意見。我們可能無法得出一組可被證明為好組合的政策，更遑論最佳的政策組合。

凱因斯在《就業、利息與貨幣的一般理論》中，很幸運的辨識出一個對抗已經陷入蕭條的總合需求做出因應的政府機制，也就是政府支出。在美國大蕭條時期，凱因斯的直覺被證實。後來，他的直覺也被多次被證實，儘管這類行動並不會一直獲得想要的結果。可是，在其他原因導致失業率提高的情況下，例如：煤礦業或鋼鐵製造業遭遇不景氣，透過公共支出來增加總合需求以降低失業率，這種做法可能就沒有效果。事實上，更早年，當英國的失業率相當高時，增加政府支出是否能有所幫助，就值得懷疑。因為需求的增加很可能外溢至其他國家，尤其如果英國是小型、開放經濟體，這種可能性頗高。

現在的情況也一樣，一些經濟學家的理論直覺會建議，一定有些可以鼓勵創新的政策行動。但是，是哪些政策行動呢？一國的政策制定者必須權衡成本與效益，並權衡取捨。社會能夠贊同政府採行的政策組合嗎？

不過，如狄更斯所言，希望總是存在的。在一個自由社會，人們的可能性及成功與否，主要取決於他們的心態，例如：他們的價值觀。若西方社會能夠重拾文藝復興時代和啟蒙運動的價值觀，或是重新發現他們內在的這些價值觀，或是移除阻止繼續眾人創新的障礙，重生的力量將會創造奇蹟。西方國家將會重現快速成長及更多人成功，可以預期，這可能終結許多引發公共討論、令西方社會消沉的社會緊張。

再者，若尋求贏得一個新市場的公司失敗了，但公司員工體驗到參與這項計畫的回報，如果他們獲得個人成長，或體驗到冒險過程帶來的興奮，多多少少還是有所茁壯。

這都是社會期望的事情。

此外，展現主動精神的人可以努力改善自己的生活，這是下一節的主題。

回顧過去二十年的表現

過去二十年的研究，最後產出《大繁榮》和《活力》兩本書，我認為這兩本書的影響頗為重要。雖然其重要程度並不比（甚至可能不如）我以個體為基礎的失業理論，或我對經濟正義與結構性衰退的研究。但在過去，我總為他人提出的理論做出貢獻，像是凱因斯的失業理論、梭羅的成長模型、羅爾斯的經濟正義理論、海耶克有關消費緊縮的觀點。我總是以他人的理論為基礎進行改良，從未建立過自己的理論。

《大繁榮》一書的完成，讓我終於使用到我的創造力，建立一個關於一國的創新、以及因此產生幸福感的新理論，這是跟熊彼得以及成長與工作生活的新古典理論徹底相反的理論。所有人都具有創造力，只是領域或程度不同。我感覺自己有點像英國詩人濟慈（John Keats）詩作中描述的柯特茲（Cortez）：「靜默的站在大雷岩之巔。」（silent on a peak in Darien.）

梭羅和崔佛．史旺所建立的經濟成長模型，很大程度上採納史匹道夫和熊彼得的新古典觀點，但現在看來已經不足以用來理解經濟成長。更嚴重的是，最終也無法描述人類的**幸福感**，以及人們在「讓花園茁壯繁盛」的過程中產生幸福感的方法。如伏爾泰在《憨第德》中所傳達的，工作活動對於這種幸福感而言是很重要的。

幾年前的一個週日，我和朋友在家共進午餐後，快樂的哼唱由李奧納多．伯恩斯坦作曲、理查・威爾伯（Richard Wilbur，伯恩斯坦可能是他在哈佛大學開設的詩作課程的學生）作詞的輕歌劇《憨第德》最後獨唱與二重唱部分。憨第德對貴族的女兒昆妮崗蒂（Cunégonde）唱：「讓我們試著在離世前創造一些生命的意義，我們既不純潔、不聰明、也不優秀，我們將盡我們最大所能，我們將建造我們的房子，砍我們的木材，讓我們的花園盛開。讓我們的花園盛開。」

《大繁榮》講述的故事，以及《活力》進一步檢視的理論，都隱含一個觀點：經濟學不應該止步於標準理論中資本、就業與國民所得等變數。它論述工作與休閒之間和現在與未來消費之間的取捨；以及它的選擇行為模型。經濟學不應該止步於了解失業、成長、創新、經濟正義、及其視角下其他現象的因果關係。經濟學應該**走出**那些標準領域（以及其他領域），去探索一個未曾探索的領域，例如，工作帶來的各種回報，以及與他人共事帶來的個人成長；創造事物帶來的興奮感；克服阻礙、從事工作、採取主動態度、冒險航向未知、以及激動的嘗試新事物所帶來的自我發現。哥倫比亞大學教授理查・羅伯在《任性》

（*Wilful*）中描述：「投身於經濟生活『運動』中的員工與企業家」。[35]

我想，這些工作體驗並非只是一國經濟體系中自主創新的關鍵要素，也是經濟成長的來源。可以想像，一個經濟體發展至這樣的境界：成熟進步的企業經常為全職員工提供一個空間，讓他們使用想像力去構思新東西，就像公司可能為員工提供一個「運動」的活動中心。這麼一來，創意導向就會變得常見，甚至普遍。為員工提供這樣的設施，就是員工福利的一部分。

經濟學家若接受這些觀點，無疑會大幅擴展標準經濟理論，例如，大部分工作將成為效用的來源，而非負效用的來源。這種擴展可望使現今經濟政策所根據的條件得以放寬，並產生新的經濟政策組合，重建一個經濟體系能產生、但被廣為忽視的工作報酬。當工作能獲得非金錢性質的種種報酬時，「多數人工作是為了維持生計」這種粗糙、簡化的觀念，將被「多數人活著是為了維持工作」的觀念取代。

我構思與發展的這個理論帶給我的滿足感，遠比我對經濟學做出的其他貢獻得到的滿足感更大。以往做的事情，遠比不上建構這個理論這麼貼近我的心靈。我覺得，創造新鮮事物和體驗美好生活是難以抗拒的概念，這些概念已經走入現今的經濟思維裡。

二〇二三年十一月，我在紐約大都會歌劇院觀賞華格納（Richard Wagner）創作的歌劇《紐倫堡的名歌手》（*Die Meistersinger von Nürnberg*），感動之餘，我哽咽的對經濟學家艾瑞克·馬斯金（Eric Maskin）說：「華格納為了讓他的新音樂被接受而努力奮鬥，我也為了讓我的創新理論被接受而努力奮鬥。」

艾瑞克回答：「是的，華格納贏了，你也贏了。」

結語

開拓新世界的新思想

我從智庫蘭德公司，到耶魯大學的考爾斯經濟研究基金會，期間客座麻省理工學院和倫敦政治經濟學院，接著轉往賓州大學，最後落腳哥倫比亞大學，此後在哥大共待五十多年。六十多年的智識生活，於我而言是恩典，也充滿樂趣。有機會講述這個「個人的奮鬥與學術政治」「故事，也是個不凡的體驗。

我在這些回憶中提及早期一九六〇年代和一九七〇年代的成功，一九九〇年代、以及過去二十年間非常有收穫的成功，令我感到振奮。最後一章的最後幾頁，我嘗試表達我從頭開始構思與建立一個新理論的過程與結果，以及如何帶給我強烈的滿足感。

不過，現在回頭來看，我覺得還需要談一些進一步的觀察。雖然，僅僅幾頁的篇幅不可能對這些主題做出充足的論述。

擴大研究的新圈子

若沒有來自社群的支持，無法用幾週或幾個月的時間建構一個新思想，也不會有建立新思想帶來的滿足感。身為經濟理論學家，儘管其中一些思想令人振奮，並因此獲得肯定，但我的工作帶來的滿足感不僅來自於偶爾創造新思想，還來自競爭，以及和志同道合的同事一起探索，這就像一種團隊合作。

感覺到他人（縱使只有一些人）的支持，這點非常重要。即使日後幾乎所有事情已經被遺忘，我仍然不會忘記那種獲得他人支持時的人際交流。若年輕時沒有被支持，在同儕圈缺乏共鳴或賞識，很少有人能夠走得又遠又有成就。

一九五四年夏天，我才剛開始朝經濟學思想家的發展之路前進，阿默斯特學院美林經濟學中心的克拉莉絲．索普和艾米爾．戴斯普雷斯對我的鼓勵，一直陪伴我數十載。儘管我們後來碰面的次數很少。在耶魯大學就讀研究所、以及後來在該校擔任助理教授期間，我獲得來自威廉．費爾納和古斯塔夫．雷尼斯的鼓勵；讀研究所時，威廉私下教我海耶克的東西，並在我任職考爾斯經濟研究基金會時，繼續為我增添有關奧地利經濟學派和德國歷史學派的知識；古斯塔夫和我在一九六五年一起前往維也納出席世界大會（World Congress），我們還一起從紐哈芬開車至洋基體育場，一起目睹洋基隊的米奇．曼托（Mickey Mantle）使勁把球揮向右外野，可惜，球被新球場的燈給擋下，否則，這一棒就成為洋基體育場史上唯一揮出場外的全壘打了。我受惠於威廉和古斯塔夫的歐洲背景和他們提供的鼓勵，他們欣賞我的探索與好奇心，這對我提供莫大的支持。

後來，我偶然遇見阿馬蒂亞．沈恩，稍稍交談各自的研究工作，因為他的引介，我得以結識約翰・羅爾斯；又透過羅爾斯，結識湯瑪斯・內格爾。能夠成為他們創立的圈子的一員，真是太心滿意足、太鼓舞人心了。在一九七〇年代初期至一九九〇年代後期我進行的研究中，有太多內容仰賴我從他們那裡學到的東西。在與羅爾斯的通訊以及我們在紐約少數的會面中，我感覺到他對我的研究工作的欣賞，就如同他能夠看出我的論述對他的研究工作與成果的欣賞（羅爾斯獎學金〔Rawls Scholarship〕學者賴利・烏德爾〔Larry Udell〕在二〇一九年秋天告訴我，羅爾斯閱讀的經濟學家著作中，最多的是我的文獻）。羅爾斯的支持於我而言，非常重要。

過去二十年間，和我同個時代的人對我的支持，極其寶貴。例如，保羅・薩繆爾森告訴我，《有價值的工作》在他的書架上被放得特別突出；羅曼・弗萊德曼在電話上提到我的「個體—總體」經濟學是「留給世人的遺產」；理查・羅伯在《任性》中寫道：「費爾普斯在哥倫比亞大學資本主義與社會研究中心的研究計畫，試圖為現代世界改造經濟學……，他指出『人類並非只是貪求功利與趨避風險，人類也好奇，愛好冒險，人類有時覺得需要……

躍入未知的領域』。」[2]

到了一九九〇年代，一個新的經濟學家圈形成（很像一九二〇年代的維也納圈和一九三〇年代的劍橋圈），其成員擺脫新古典理論的某個元素，許多成員受到現代哲學家，包括腓特烈・尼采、威廉・詹姆斯、亨利・柏格森、卡爾・波普（Karl Popper）等人思想的影響。在了解市場等領域的信任與其他現象方面，湯瑪斯・謝林明顯擺脫傳統理論，鼓勵經濟學家們拓廣思考。我在一九六〇年代提出的個體—總體理論，使我和西尼・溫特進入這個現代主義圈。羅曼・弗萊德曼於一九七〇年代和一九八〇年代在「不完全知識」這個標題下所做的預期心理研究，也使他進入這個圈子。約瑟夫・史迪格里茲提出不完全資訊模型，也為這個領域做出貢獻。二〇〇〇年代，喬治・艾克羅夫和羅伯・席勒（Robert Shiller）提出「動物本能」為主題的總體經濟學研究與論述，進入這個圈子；二〇一九年，席勒進一步對主導輿論的「敘事」如何影響股價的「故事經濟學」做出貢獻。理查・羅伯對人們「任性」的決策行為提出嶄新的個體理論，打進這個圈子，他的《任性》也於二〇一九年出版。班傑明・傅利曼（Benjamin Friedman）研究宗教與啟蒙運動對資本主義與經濟思想的影響（著作於二〇二一年出版），使他成為我們的一員。當然，還有這個現代主義圈的其他成員，我無法在此一一介紹。這些人和其他的志同道合者可能從未齊聚一堂，但是，當我回顧、彙整時，我想起阿馬蒂亞・沈恩在回憶錄《家在世界的屋宇下》（*At Home in the World*）所言：「遠在我們近身的圈子外，可能存在緊密的友誼。」[3]

這個理論家圈子所形成的共同方向感，對我們所有人在持續研究的進程上很重要。當然，於我而言，很重要的一點是，知道有其他人朝向這些人文主義與現代主義思想前進，而且，他們和我一樣，必須為他們的論述辯護，或是忍受論述被漠視。

擺脫傳統經濟理論的束縛

聆聽傑弗瑞・薩克斯談論將自然失業率是視為一個常數的錯誤；和彭蒂・庫里討論他向

我展示的筆記，上面寫著「實質薪資率僵固性將促使實質需求變動，進而改變就業率」；和史迪格里茲討論「自然失業率是否可能隨著實質薪資率降低而提高」；以及其他在一九八〇年代出現的思想，這些全都對我和雲天德、吉爾維·佐加、及喬治·卡納金尼斯合著的《結構性衰退》書中的就業理論起到一定的作用。[4]

隨著哥倫比亞大學資本主義與社會研究中心於二〇〇一年開始成形，保羅·沃克漸漸成為這個研究中心的非正式成員暨親近友人。他在二〇〇四年開幕研討會的最後主持圓桌會議；二〇〇九年二月，在金融危機爆發後的第六屆年度研討會上，他發表午餐會演講（克莉絲汀·拉加德和盧卡斯·帕帕季莫斯也是這場研討會的演講者）；二〇〇九年十二月，在德意志銀行柏林分行舉行的第七屆年度研討會「後危機時代的經濟政策」上，舉行主題演講。研討會後的晚宴在一處可以俯瞰布蘭登堡門頂部四馬戰車的地方。我很幸運，在他生命的最後十年能夠經常與他見面，幾乎直到他人生的終點。我們很喜歡彼此的獨立精神。有一次，我們共進午餐時，我問他是否已經離開民主黨了，他立刻回我：「是民主黨離開我！」在麥迪遜大道的長老教會舉行的保羅・沃克追思禮拜上，經濟學、銀行業和政府機關的要人幾乎全部到場。一位巨人逝去，但他的遺贈源遠流長。

資本主義與社會研究中心的工作仍然繼續。我要建立一個新的創新理論，計畫即將啟動，理查・羅伯和我開始幾乎每週談論經濟理論，持續至今。他的知識淵博，含括亞里斯多德到齊克果、尼采、杜思妥也夫斯基（Fyodor Dostoevsky）和威廉・詹姆斯。能夠和他討論計畫中出現的疑問，使我有信心擴展到自己原本無法達到的深度與廣度。我們兩人都重視自我表現，兩人都喜歡雅克・巴森的著作《從黎明到衰頹》（*From Dawn to Decadence*）。當我想要描繪自主創新帶來的工作滿足感時，理查提供莫大的幫助。無庸置疑，若沒有他的影響，《大繁榮》無法達到目前的成就（在一場作者簽名會上，理查還說他的《任性》是《大繁榮》一書的「前篇」）。

在那慷慨激昂的時期，我感覺包括《活力》的共同作者、理查及我在內，都參與一場致力於擺脫長期傳統加諸於經濟理論的束縛的運動（《新資本主義的文化》〔*The Culture of the New Capitalism*〕作者理查・桑內特〔Richard Sennett〕也是這個運動的成員）。我當時覺得，這個運動中的所有人都很重視文藝復興時代興起的人文主義，敦促獨立及個人發聲，呼籲從事提供自主性的工作，而非從事新古典理論模型中描繪的機械性工作。我們都鼓吹人們應該過探索與創造新東西的生活，因為人文主義更加注重工作帶來的非物質性報酬。當時我知道，我們也都對重視現代主義有很高的評價，現代主義理解到經濟體系的參與者（包括經濟學家在內）並不具備當前或未來的充分知識，甚至在某些情況下連有益的自我認識都不足。

社會學家理查・桑內特及菲利普・霍華（Philip Howard）分別於二〇一〇年、二〇一五年加入資本主義與社會研究中心，更推進我們在新方向的發展。在理查・羅伯和我的帶領下，研究中心在二〇一〇年代成為這塊新研究領域發展或首先發表的地方。理查和我因為共同興趣，而且都寫過相同主題的書而聚在一起，就如同羅曼・弗萊德曼和我數十年前一起同行。二〇一三年《大繁榮》出版後，還需要進一步以統計和計量經濟方法檢驗這項理論，萊喬・伯吉洛夫、吉爾維・佐加和雲天德加入我在研究中心的大型計畫，從二〇一五年至二〇一九年，最終得出二〇二〇年出版的《活力》一書。

在《大繁榮》、《任性》和《活力》三本書出版後，我在本章開頭提到的思想家圈子持續擴大。自二〇一〇年代初期到現在，愈來愈多思想家了解到，一國出現的創新大多來自其人民，美好生活涉及多數人和他人共同構思的新解決方案，創造出有價值的新東西或新服務會直接或間接的透過經濟對社會成員帶來價值。

多年來，看到經濟學家開始接受自主創新（甚至是「一般人」的創新）的概念，以及「工作體驗是美好生活不可或缺的一環，創造東西是我們表現自我的方式」的論點，令我感到十分開心。

展望綻放的未來

這個圈子若沒有被某些危機壓倒的話，可望在目前的十年，甚至下一個十年繼續擴大。

在如此重大的經濟學思想變化之下，我的世代（以及更早的世代）經濟學家講授和應用的新古典理論（只有對凱因斯的不完全資訊和奈特的不確定性模型做出調整），對於那些想要處理工作滿意度一再嚴重下滑，或成長率長期持續下滑的經濟學家而言，將沒什麼實際用處。《大繁榮》的結語最後呼籲，西方先進國家應設法恢復它們的活力，這是呼籲追求茁壯、成功，也追求重現顯著的經濟成長。

我們必須建立新類型的經濟學或政治經濟學，納入普遍參與創新和解決問題所帶來的茁壯，藉此教導學生經濟能夠實現什麼成果，以及運作方式。新古典理論仍然能夠在一些情況下派上用場，例如：貿易戰、羅爾斯學說中的不正義、壟斷力量等，但新經濟學將能處理自主創新，以及自主創新帶來的有意義的工作的重要性。

為了經濟學家的面子，我們將必須進一步闡釋和發展一種經濟學，對有意義的工作提供的非金錢報酬予以肯定，這些非金錢性質的報酬包括挑戰、成就，以及經濟和社會重大計畫的參與感。簡言之，我們將需要納入「茁壯」現象的經濟學。有這樣的經濟學，才能消除在這一行中有時會出現粗俗的行為與態度。

沒有理由停下腳步

很高興，能夠藉由本書中敘述我這一生的工作史。這是我身為一名經濟理論家的遺產：為失業理論提供更好、更充實的基礎；為羅爾斯的正義經濟提出一個模型；對凱因斯vs.海耶克的理論進行計量經濟學的驗證；反對標準成長理論賴以為基礎的熊彼得創新理論；對經濟理論注入有意義的工作和美好生活。

在撰寫這些回憶的過程中，特別愉快的是帶領較年輕的讀者，回顧我經歷的「各世代」經濟理論家，像是哥特弗里德．哈伯勒、瓊恩．羅賓遜和約翰．希克斯的世代，這些人，我全都見過；保羅．薩繆爾森、肯尼斯．艾羅、湯瑪斯．謝林和羅伯．梭羅的世代，這些人，我全都熟識；以及我認為我所處的世代，羅伯．孟岱爾、阿馬蒂亞．沈恩以及羅伯．盧卡斯，這些人，我都曾經互動過或回應過。當然，在他們之後，還出現許多其他傑出的經濟學家。

在回憶錄中講述我和絕大多數經濟理論大師之間的一些難忘交流，以及我聽到的評論，令我樂在其中。當然，最有趣的部分是我們之間的意見不同，而非我們意見相同的部分。我希望其中的一些交流及軼事，可以為一些以往的傑出人物和他們激發的一些爭論帶來活力。

我在本書講述我的理論的時候，舉凡人們在企業界發揮他們的創造力、構思新方法與新東西，我愈來愈察覺，在構思這個新理論時，也是在使用我的創造力（這個理論並不是偶然發現的，它需要運用想像力）。因此，一些讀者可以把本書視為我個人成長的故事，而非記錄我在過去六十年間的經濟理論爭論中扮演的角色，我的個人成長故事就像一部湯瑪斯·曼的成長小說。若一些讀者從我的故事中獲得啟發，我會很欣慰。

本書敘述我自主創新的創造力理論如何誕生的故事（以及最重要的是，它為那些從事創新活動者帶來的工作回報），如果激發閱讀此書的經濟學家加入這個新理論憧憬的革命行動，我將會非常開心。若本書讀者能更加了解經濟理論在過去六十年間已經發展得多深、多廣，這些理論以後可能對社會做出更多貢獻，那麼，這本書就值得了。

我和經濟理論的這些互動即將劃下句點，未來，我會不會展開新的篇章呢？我希望繼續觀察這世界，盡我所能的找到我能對新發展發表觀點的事物。從許多持續工作到晚年的作家和作曲家身上，我獲得一些啟示，因此目前我似乎沒有理由停下腳步。我預期將會有新的疑問出現，並且需要解答；幸運的話，新思想將會帶來解答。

致謝

我的人生旅程，一路走來何其幸運

我在新冠疫情攪亂我們的生活後不久、二〇二〇年夏初開始撰寫這些回憶錄。在我家中的一間小書房裡工作，不像在辦公室那麼方便。而且，我只能從家裡透過電話和視訊與外界互動，使得撰寫工作更加困難。初稿完成於二〇二一年九月，在資本主義與社會研究中心舉辦第二十屆年度研討會及其他事務後，二〇二二年一月完成定稿。基於撰寫過程中需要克服的種種困難，我比平常更加感激那些支持與幫助我寫書的人。沒有他們，我不可能完成這本書。

數十年來，我幾乎從未在家工作過，突然得在家寫書頗為困難。我的太太薇薇安娜貢獻良多，她幾乎天天為我提供種種協助，還要跟我一起回憶各式各式各樣的事件、以及我們數十年來的生活。當進度停止或煩惱出現時，她都能感受到。好處是，當有好事發生時，我們能夠馬上一起慶祝。不誇張，在重重困難之下，若沒有薇薇安娜的支持，我無法完成撰寫本書的計畫。

開始寫這本書時，我詢問我的同事兼好友、經濟理論家、統計學家暨哲學家理查．羅伯，能否閱讀各章初稿。他的建議提供我一些必要的鼓勵和一些必要的修正，我們的討論使我感覺自己走在正確的軌道上；或者，這是我所知的唯一軌道。在最後一章和結語提到，我開始進一步偏離現有經濟學的正軌，理查的支持和鼓勵讓我繼續堅持下去。

若非知道我可以把編輯和研究工作，交給擔任我的助理超過五年的凱薩琳．皮庫拉（Catherine Pikula），我無法想像我會開始撰寫這些回憶錄。凱薩琳是個詩人、日本花道藝術家，曾經在紐約大學教寫詩，在克諾夫出版公司（Alfred A. Knopf, Inc.）當過實習生。我完成每章初稿後，她都能發現許多錯誤（事實及文法上的錯誤），看出每一章的品質。若沒有她的貢獻與耐心，我懷疑我能否完成此書。完成初稿時，我們開心激動的歡呼。

資本主義與社會研究中心的行政經理莉琪・費德森（Lizzie Feidelson）也提供很多的協助。她是個舞者暨作家，最近還上了《紐約客》雜誌。疫情迫使我在家工作時，莉琪把筆記型電腦和寫書需要的種種用品送到我家。二〇二一年春天，我的休假年結束時，我一邊遠距教授一門高級研究班課程，一邊撰寫本書。有一天，負責處理視訊的莉琪大喊：「內德（我的小名），你真是個優秀的老師！」當時我正在撰寫艱難的第八章，她的這句話給予莫大的鼓舞。

我也要在此感謝哥倫比亞大學出版公司的編輯克里斯蒂安・溫亭（Christian Winting），他鼓勵我在本書前面的部分談及身為一名經濟理論家，發揮創造力在我早年的研究工作中有多重要，以及我後來挑戰、脫離流行的經濟理論觀點時，發揮創造力更為重要。克里斯蒂安比我更了解這本書的革命程度。

我的人生旅程，一路走來，何其幸運！

注釋

前言

1. 索普的影響力很大，在德國財政困難時，他招募一支團隊，包含約翰·高伯瑞（John Kenneth Galbraith）、沃爾特·羅斯托（Walt Rostow）、艾米爾·戴斯普雷斯（Emile Despres）等人前往援助。見威拉德·索普接受理查·麥肯齊（Richard McKinzie）和狄奧多·威爾森（Theodore A. Wilson）的訪問，見 July 10, 1971, Harry S. Truman Library, Independence, MO。
2. 有些學生也很意思。耶魯大學經濟所有一個名叫傅瑞德·普萊爾（Fred Pryor）的研究生曾在東德做了一個學期以上的研究，回美國之後講述令人痛心的故事。他曾被東德祕密警察史塔西（Stasi）逮捕、囚禁，說他涉嫌竊取機密。審問他的警察尤其懷疑耶魯大學圖書館 Q 室裡發生什麼事，因為很多學生都曾在那裡看書，為修習的科目做研究。傅瑞德最後因為換囚才被釋放。他的故事教我們聽得入迷，史塔西竟然懷疑我們在 Q 室密謀（二〇一五年的冷戰間諜片《間諜橋》〔*Bridge of Spies*〕就是講述透過談判、交換人質的故事，傅瑞德的遭遇也有異曲同功之妙）。
3. 這篇文章發表在 *Yale Economic Essays*, vol. 1。這是最新獲得經費贊助的期刊，收錄的是以博士論文為基礎的學術論文。

第一章

1. Edmund Phelps, "The Golden Rule of Accumulation: A Fable for Growth-men," *American Economic Review* 51, no. 4 (September 1961): 638–643.
2. 關於梭羅—史旺成長模型（Solow-Swan growth model），更進一步的資料見：Robert Solow, "A Contribution to the Theory of Economic Growth," *Quarterly Journal of Economics* 70, no. 1 (February 1956): 65–94; 以及 Trevor Swan, "Economic Growth and Capital Accumulation," *Economic Record* 32, no. 2 (November 1956): 334–361.
3. Edmund Phelps, "The Accumulation of Risky Capital: A Sequential Utility Analysis," *Econometrica* 30, no. 4 (October 1962): 729–743.
4. Edmund Phelps, "The New View of Investment: A Neoclassical Analysis," *Quarterly Journal of Economics* 76, no. 4 (November 1962): 548-567.
5. 近年阿默斯特學院公布一支影片，記錄佛洛斯特對甘迺迪的影響，以及佛洛斯特的莫斯科之旅。見：*JFK: The Last Speech*, dir. Bestor Cram (Boston, MA: Northern Lights Productions, 2018)。

6. 「超額負擔」相關文獻似乎始自儒勒・裘布衣（Jules Dupuit），也與一九二〇年代及一九三〇年代亞瑟・皮古及法蘭克・拉姆齊等人的經典研究有關。
7. 投資產出率在一九二一年降到一五%、一九二二年為一六%、一九二三年為一七%。見：Òscar Jordà, Moritz Schularick, and Alan M. Taylor, "Macrofinancial History and the New Business Cycle Facts," *NBER Macroeconomics* Annual 31, no. 1 (2016): 213–263.
8. David Ricardo, *Principles of Political Economy* (London: John Murray, 1817).
9. 我考量Franco Modigliani, "Long-Run Implications of Alternative Fiscal Policies and the Burden of the National Debt," *Economic Journal* 7, no. 284 (December 1961): 730–755; Arnold C. Harberger, "Efficiency Effects of Taxes on Income from Capital," in *Effects of Corporate Income Tax*, ed. M. Krzyzaniak (Detroit, MI: Wayne State University Press, 1966), 107–117; Peter Diamond, "National Debt in a Neoclassical Model," *American Economic Review* 55, no. 5 (December 1965): 1126–1150.
10. 在新古典模型中，財富成長路徑因公共債務的增加而上移，但下滑的程度並不足以達到低於或與初始水準相同的新水準。換句話說，財富依然增加，但是比最初少一些。
11. Edmund Phelps, *Fiscal Neutrality Toward Economic Growth: Analysis of a Taxation Principle* (New York: McGraw-Hill, 1965)。更好讀的論述見筆者論文："Fiscal Neutralism and Activism Toward Economic Growth," in *The Goal of Economic Growth*, ed. Edmund Phelps (New York: Norton, 1969) and reprinted in Edmund Phelps, *Studies in Macroeconomic Theory*, vol. 2, Redistribution and Growth (Cambridge, MA: Academic Press, 1980), 185–199.
12. Phelps, *Fiscal Neutrality*, 38.
13. Phelps, *Fiscal Neutrality*, 39.
14. Phelps, *Fiscal Neutrality*, 40。在美國，正如吉爾維・佐加向我指出的，聯準會最近購買證券會使得財富減少，抵消財政部造成的財富成長。因此導致的利率下降會推高消費者物價，直到大眾持有的實際現金餘額回到原始水準。這時，民間有錢人已經把持有的證券賣給聯準會，減少持有數量。學習貨幣理論的學生可能還記得這個論點，這是羅伊德・梅茨勒的經典論點。見：Lloyd Metzler, "Wealth, Saving, and the Rate of Interest," *Journal of Political Economy* 59, no. 2 (April 1951): 108。《促進經濟成長的財稅中立性》就是在討論這篇文章。
15. Phelps, *Fiscal Neutrality*, 60.
16. Edmund Phelps, with Hian Teck Hoon, George Kanaginis, and Gylfi Zoega, *Structural Slumps: The Modern Equilibrium Theory of Unemployment, Interest, and Assets* (Cambridge, MA: Harvard University Press, 1994).
17. Edmund Phelps, "The Fantasy of Fiscal Stimulus," *Wall Street Journal*, October 29, 2018.
18. Bela Balassa, *The Theory of Integration* (Homewood, IL: Allen & Unwin, 1961).
19. Gustav Ranis, *Development of the Labor Surplus Economy* (Homewood, IL: R. D. Irwin, 1964).
20. Edmund Phelps, *Golden Rules of Economic Growth* (New York: Norton, 1966).
21. Edmund Phelps, *Political Economy: An Introductory Text* (New York: Norton, 1985).

第二章

1. Frank Knight, *Risk, Uncertainty and Profit* (Boston: Houghton Mifflin, 1921).
2. Knight, Risk, *Uncertainty and Profit*.

3. Edmund Phelps, "The Accumulation of Risky Capital: A Sequential Utility Analysis," *Econometrica* 30, no. 4 (October 1962): 729–743.
4. Friedrich Hayek, *Prices and Production* (London: Routledge, 1933).
5. John Maynard Keynes, *The General Theory of Employment, Interest and Money* (London: Palgrave Macmillan, 1936).
6. Keynes, *General Theory*.
7. John Hicks, "Mr. Keynes and the 'Classics'; A Suggested Interpretation," *Econometrica* 5, no. 2 (April 1937): 147–159.
8. 看這篇經典參考資料：W. A. Phillips, "The Relation Between Unemployment and the Rate of Change of Money Wage Rates in the United Kingdom, 1861-1957," *Economica* 25 (1958): 283–299.
9. 我就這個主題發表的論文："Optimal Employment and Inflation Over Time," first circulated as Cowles Foundation Discussion Paper No. 214 in August 1967, 後來發表在 London School of Economics under the title "Phillips Curves, Expectation of Inflation and Optimal Unemployment Over Time," *Economica* 34, no. 135 (August 1967): 254–281.
10. Peter Howitt, "Edmund Phelps: Macroeconomist and Social Scientist," *Scandinavia Journal of Economics* 109, no. 2 (March 2007): 203.
11. Axel Leijonhufvud, *The Economics of Keynes and Keynesian Economics* (Oxford: Oxford University Press, 1968).
12. Edmund Phelps, "A Theory of Money Wage Dynamics and Its Implications for the Phillips Curve" (University of Pennsylvania Discussion Paper No. 47, University of Pennsylvania, February 1968); Edmund Phelps, "Money-Wage Dynamics and Labor-Market Equilibrium," *Journal of Political Economy* 76, no. 4, pt. 2: Issues in Monetary Research (July-August 1968): 678–711.
13. Edmund Phelps and Sidney G. Winter, "Optimal Price Policy Under Atomistic Competition," in *Microeconomic Foundations of Employment and Inflation Theory*, ed. Edmund Phelps (New York: Norton, 1970), 309–337.
14. 以下兩篇論文的結論相同：Edmund Phelps, "Phillips Curves"; and Milton Friedman, "The Role of Monetary Policy," *American Economic Review* 58, no. 1 (March 1968): 1–17。
15. Keynes, *General Theory*, 156; Friedrich Hayek, *Individualism and Economic Order*, 3rd ed. (Chicago: University of Chicago Press, 1958), 38–39。本書初版在一九四八年出版。
16. Philip Cagan, "The Monetary Dynamics of Hyperinflation," in *Studies in the Quantity Theory of Money*, ed. Milton Friedman (Chicago: University of Chicago Press, 1956), 25–117.
17. Edmund Phelps, "Introduction: The New Microeconomics in Employment and Inflation Theory," in *Microeconomic Foundations*, 22.
18. Edmund Phelps and Karl Shell, "Public Debt, Taxation, and Capital Intensiveness," *Journal of Economic Theory* 1, no. 3 (October 1969): 330-346; Edmund Phelps and Edwin Burmeister, "Money, Public Debt, Inflation, and Real Interest," *Journal of Money Credit and Banking* 3, no. 2, pt. 1 (May 1971): 153–182; and Edmund Phelps and Robert Pollak, "On Second-Best National Saving and Game-Equilibrium Growth," *Review of Economic Studies* 35, no. 2 (April 1968): 185–199.
19. Edmund Phelps, "Population Increase," *Canadian Journal of Economics* 1, no. 3 (August 1968): 497–518.

第三章

1. Edmund Phelps, *Inflation Policy and Unemployment Theory: The Cost- Benefit Approach to Monetary Planning* (New York: Norton, 1972), xvii.
2. Phelps, *Unemployment Theory*, 113–114.
3. 我第一次用「歸屬感」這個詞是在我寫的教科書 *Political Economy: An Introductory Text* (New York: Norton, 1985), 44.

4. John Rawls, *A Theory of Justice* (Cambridge, MA: Belknap Press, 1971), 440。
5. Phelps, *Unemployment Theory*, 239.
6. Edmund Phelps, "Phillips Curves, Expectations of Inflation and Optimal Unemployment Over Time," *Economica* 34, no. 135 (August 1967): 254–281.
7. Phelps, *Unemployment Theory*, 238–249.
8. Phelps, *Unemployment Theory*, 244.
9. Phelps, *Unemployment Theory*, 245.
10. Phelps, *Unemployment Theory*, 246.
11. 湯瑪斯・內格爾曾邀請我到美國哲學學會年會演講，後來發表論文 "Justice in the Theory of Public Finance," *Journal of Philosophy* 76, no. 11 (November 1979): 677–692.
12. Phelps, *Unemployment Theory*, 25–26.
13. Phelps, *Unemployment Theory*, 659.
14. Phelps, *Unemployment Theory*, 25–26.
15. Edmund Phelps, "The Statistical Theory of Racism and Sexism," *American Economic Review* 62, no. 4 (September 1972): 659.

第四章

1. Edmund Phelps, "Introduction," in *Altruism, Morality and Economic Theory*, ed. Edmund Phelps (New York: Basic Books, 1975), 2.
2. Phelps, "Introduction," in *Altruism*, 3.
3. Kenneth Arrow, "Gifts and Exchanges," in *Altruism*, 21–22.
4. Peter Hammond, "Charity: Altruism or Cooperative Egoism," in *Altruism*, 130.
5. Phelps, "The Indeterminacy of Game-Equilibrium Growth in the Absence of an Ethic," in *Altruism*, 101.
6. Jerome Foss, "The Hidden Influence of John Rawls," *First Principles*, no. 61, September 22, 2016.
7. Edmund Phelps, "Taxation of Wage Income for Economic Justice," *Quarterly Journal of Economics* 87, no. 3 (August 1973): 331–354.
8. James Mirrlees, "An Exploration in the Theory of Optimum Income Taxation," *Review of Economic Studies* 38, no. 2 (April 1972): 175–208.
9. John Rawls, "The Priority of Right and Ideas of the Good," *Philosophy and Public Affairs* 17, no. 4 (Fall 1988): 257n7.
10. J. A. Ordover, "Distributive Justice and Optimal Taxation of Wages and Interest in a Growing Economy," *Journal of Public Economics* 5, no. 1–2 (January-February 1976): 139–160.
11. Edmund Phelps and J. A. Ordover, "Linear Taxation of Wealth and Wages for Intergenerational Lifetime Justice: Some Steady-State Cases," *American Economic Review* 65 (September 1975): 660–673.
12. Edmund Phelps and John G. Riley, "Rawlsian Growth: Dynamic Programming of Capital and Wealth for Intergenerational 'Maximin' Justice," *Review of Economic Studies* 45, no. 1 (February 1978): 103–120.
13. Philippe Van Parijs, *Real Freedom for All: What (If Anything) Can Justify Capitalism?* (Oxford: Clarendon Press, 1995).

14. Edmund Phelps, "Subsidize Wages: Response to Philippe Van Parijs 'A Basic Income for All,' " *Boston Review*, October 1, 2000.
15. 我在近期發表的評論請見：“Poverty as Injustice," *Project Syndicate*, August 28, 2020, https://www.project-syndicate.org/ commentary/economic-growth-poverty-reduction-role-of-the-state-by-edmund-s-phelps-2020-08
16. Daron Acemoglu, "Why Universal Basic Income Is a Bad Idea," *Project Syndicate*, June 7, 2019, https://www.project-syndicate.org/commen- tary/why-universal-basic-income-is-a-bad-idea-by-daron-acemoglu-2019-06?barrier=accesspaylog
17. Thomas Kuhn, *The Structure of Scientific Revolutions* (Chicago: University of Chicago Press, 1962).
18. Edmund Phelps, Studies in Macroeconomic Theory, vol. 1, *Employment and Inflation* (Cambridge, MA: Academic Press, 1979); and Edmund Phelps, *Studies in Macroeconomic Theory, vol. 2, Redistribution and Growth* (Cambridge, MA: Academic Press, 1980).

第五章

1. Jimmy Carter, "Energy and the National Goals—A Crisis of Confidence," (Speech, Washington, DC, July 15, 1979), American Rhetoric. https://www.americanrhetoric.com/speeches/jimmycartercrisisofconfidence.htm.
2. Robert Mundell, "The Monetary Economics of International Adjustment Under Fixed and Flexible Exchange Rates," *Quarterly Journal of Economics* 74, no. 2 (May 1960): 227–257.
3. Robert Mundell, "Monetary Relations Between Europe and America," in *North American and Western European Economic Policies: Proceedings of the International Economic Association*, ed. C. P. Kindleberger and Andrew Schonfield (London: St. Martin, 1971), 237–256.
4. 對此論點的闡釋刊載於："The Dollar and the Policy Mix: 1971" (Essays in International Finance, no. 85, Princeton University Department of Economics, Princeton University, Princeton, NJ, May 1971), 3–34；以及："Domestic Financial Policies Under Fixed and Floating Exchange Rates" (staff paper, International Monetary Fund, Washington, DC, November 1962), vol. 9, 369–379.
5. John Brooks, "The Supply Side," *New Yorker*, April 12, 1982.
6. Robert Mundell, "A Reconsideration of the Twentieth Century" (Nobel Prize Lecture, Stockholm, Sweden, December 8, 1999). https://www .nobelprize.org/uploads/2018/06/mundell-lecture.pdf.
7. Paul Samuelson, "The New Look in Tax and Fiscal Policy" in *The Collected Scientific Papers of Paul A. Samuelson*, vol. 2, ed. Joseph Stiglitz (Cambridge, MA: MIT Press, 1966), 1329.
8. 孟岱爾在諾貝爾獎獲獎演說的注釋寫，一九六八年秋季：「新上任的尼克森政府的專門小組建議（在我看來是錯誤的建議），採取緊縮的貨幣政策與（緊縮的）財政政策。」如同我的一九六〇年代末期的回憶錄中所言，我是那個專門小組的成員。雖然，我們當時提出的報告中主張採行更緊縮的貨幣政策，比我們整個專門小組原本同意的更為緊縮，但我不記得我們也主張採行緊縮的財政政策（杜魯門政府主張緊縮財政，以縮減二次大戰留下的龐大公共債務。如孟岱爾所言，甘迺迪政府提出減稅）。
9. Edmund Phelps, "Introduction: The New Microeconomics in Employment and Inflation Theory," in *Microeconomic Foundations of Employment and Inflation Theory*, ed. Edmund Phelps (New York: Norton, 1970; London: Macmillan, 1971), 22.
10. Roman Frydman and Edmund Phelps, eds., *Individual Forecasting and Aggregate Outcomes: "Rational Expectations" Examined* (Cambridge: Cambridge University Press, 1983)
11. James Heckman and Sidharth Moktan, "Publishing and Promotion in Economics: The Tyranny of the Top Five," *Journal of Economic Literature* 58, no. 2 (June 2020): 419–470.

12. Edmund Phelps, *Political Economy: An Introductory Text* (New York: Norton, 1985), xiv.
13. Phelps, *Political Economy*, 5.
14. Phelps, *Political Economy*, 108.
15. 參見：Edmund Phelps and Sidney G. Winter, "Optimal Price Policy Under Atomistic Competition," in *Microeconomic Foundations of Employment and Inflation Theory*, 309-337。我在義大利銀行時撰寫及發表一篇論文："The Effectiveness of Macropolicies in a Small Open-Economy," Banca d'Italia, Discussion Paper No. 63 (May 1986)，這篇論文後來收錄於以下這本書：*Money, Macroeconomics, and Economic Policy: Essays in Honor of James Tobin*, ed. William C. Brainard, W. D. Nordhaus, and H. W. Watts (Cambridge, MA: MIT Press, 1991), 125–147。
16. Edmund Phelps and Jean-Paul Fitoussi, "Causes of the Slump in Europe," *Brookings Papers on Economic Activity* 16, no. 2 (December 1986): 497–498.

第六章

1. 這篇論文首先發表於：*Rivista di politica economica* 81 (November 1991)；後來發表於：Kenneth Arrow and Edmund Phelps, "Proposed Reforms of the Economic System of Information and Decision in the USSR: Commentary and Advice," in *Privatization Processes in Eastern Europe: Theoretical Foundations and Empirical Results*, ed. Mario Baldassarri, Luigi Paganetto, and Edmund Phelps (London: Macmillan, 1993), 15–47.
2. Arrow and Phelps, "Proposed Reforms," 15.
3. Arrow and Phelps, "Proposed Reforms," 20.
4. Arrow and Phelps, "Proposed Reforms," 24.
5. Arrow and Phelps, "Proposed Reforms," 25.
6. See Edmund Phelps, "The Argument for Private Ownership and Control," *Appendix to EBRD Economic Review: World Economic Outlook* (London: European Bank for Reconstruction and Development, September 1993).
7. 關於孟岱爾—弗萊明模型的起源，見：Robert Mundell, "Capital Mobility and Stabilization Policy Under Fixed and Flexible Exchange Rates," *Canadian Journal of Economics and Political Science* 29, no. 4 (November 1963): 475–485；以及 J. Marcus Fleming, "Domestic Financial Policies Under Fixed and Floating Exchange Rates," IMF Staff Papers 9 (June 1962): 369–379.
8. 我在一九六八年發表探討名目薪資變化的論文中闡釋「薪資預期」，薪資預期導致名目薪資率的僵固性，見：Edmund Phelps, "Money-Wage Dynamics and Labor-Market Equilibrium," *Journal of Political Economy* 76, no. 4 (1968): 678–711。我在一九七年發表探討菲利浦曲線的論文中闡釋「價格預期」，價格預期導致僵固的通貨膨脹率，這點支持凱因斯的思想。見：Edmund Phelps, "Phillips Curves, Expectations of Inflation, and Optimal Unemployment Over Time," *Economica* 34, no. 135 (1967): 254–281.
9. John Maynard Keynes, "The Balance of Payments of the United States," *Economic Journal* 56, no. 222 (June 1946): 186.
10. 該論文有個版本是：Edmund Phelps, "A Working Model of Slump and Recovery from Disturbances to Capital Goods Demand in an Open Non-Monetary Economy," *America Economic Review* 78, no. 2 (1988): 346–350；另一篇論文是：Edmund Phelps, "Effects of Productivity, Total Domestic-Product Demand, and 'Incentive Wages' on Employment in a Non-Monetary Customer-Market Model of the Small Open Economy," *Scandinavian Journal of Economics* 92, no. 2 (1990): 353–367.

11. 雲天德和我合撰一篇論文：Edmund Phelps and Hian Teck Hoon, "Macroeconomic Shocks in a Dynamized Model of the Natural Rate of Unemployment," *American Economic Review* 82, no. 4 (September 1992): 889–900。喬治和我合撰一篇論文：Edmund Phelps and George Kanaginis, "Fiscal Policy and Economic Activity in the Neoclassical Theory with and without Bequests," *Finanz Archiv* 51, no. 2 (1994): 137–171。吉爾維在一九九三年於哥倫比亞大學取得博士學位，他的博士論文中內含他為此模型做的一些統計檢驗。
12. Edmund Phelps, with Hian Teck Hoon, George Kanaginis, and Gylfi Zoega, *Structural Slumps: The Modern Equilibrium Theory of Unemployment, Interest, and Assets* (Cambridge, MA: Harvard University Press, 1994), vii–xi.
13. Phelps, *Structural Slumps*, 69.
14. Phelps, *Structural Slumps*, 70.
15. Phelps, *Structural Slumps*, 70–82.
16. Phelps, *Structural Slumps*, 85.
17. 關於布蘭查德—雅里模型，見：Olivier J. Blanchard, "Debt, Deficits and Finite Horizons," *Journal of Political Economy* 93 (April 1985): 223–247。關於卡爾沃—鮑爾斯模型，見：Guillermo A. Calvo, "Quasi-Walrasian Models of Unemployment," *American Economic Review* 69 (May 1979): 102–108；以及：Samuel Bowles, "A Marxian Theory of Unemployment," (lecture, Columbia University, New York, April 1979).
18. figure 8.1 in Phelps, *Structural Slumps*, 97.
19. Phelps, *Structural Slumps*, 101.
20. Phelps, *Structural Slumps*, 128–130.
21. Phelps, *Structural Slumps*, 141.
22. Phelps, *Structural Slumps*, 143.
23. Phelps, *Structural Slumps*, 143–144.
24. Phelps, *Structural Slumps*, 144.
25. Phelps, *Structural Slumps*, 311.
26. Phelps, *Structural Slumps*, 311–312.
27. 此模型的方程式結構和相關的統計方法資訊，見：section 17.1 of Phelps, *Structural Slumps*, 313–319.
28. Phelps, *Structural Slumps*, 320–321.
29. Phelps, *Structural Slumps*, 327–329.
30. Phelps, *Structural Slumps*, 330.
31. See Phelps, *Structural Slumps*, 329.
32. See Phelps, *Structural Slumps*, 342.
33. Phelps, *Structural Slumps*, back cover.
34. Michael Woodford, "Review: Structural Slumps," *Journal of Economic Literature* 32, no. 4 (December 1994): 1784–1815.
35. 《紐約時報》的評論是彼得．帕塞爾（Peter Passell）撰寫，《經濟學人》的評論是克里夫．克魯克（Clive Crook）撰寫。

36. Edmund Phelps, *Rewarding Work: How to Restore Participation and Self-Support to Free Enterprise* (Cambridge, MA: Harvard University Press, 1997), 14.
37. Phelps, *Rewarding Work*, 22.
38. Phelps, *Rewarding Work* , 103–104.
39. Phelps, *Rewarding Work*, 171.
40. Phelps, *Rewarding Work*, 137.
41. Edmund Phelps, "Introduction," in *Designing Inclusion: Tools to Raise Low-End Pay and Employment in Private Enterprise*, ed. Edmund Phelps (Cambridge: Cambridge University Press, 2003), 2–4.
42. Phelps, "Introduction," in *Designing Inclusion*, 2–4.
43. Phelps, "Introduction," in *Designing Inclusion*, 9.
44. Edmund Phelps, "A Strategy for Employment and Growth," *Rivista Italiana degli Economisti* 2, no. 1 (April 1997): 126–128.
45. Phelps, "A Strategy for Employment and Growth," 126–128.

第七章

1. Paul Samuelson, "Edmund Phelps, Insider-Economists Insider," in *Knowledge, Information, and Expectations in Modern Macroeconomics*, ed. Philippe Aghion, Roman Frydman, Joseph Stiglitz, and Michael Woodford (Princeton, NJ: Princeton University Press, 2003), 1–2.
2. 關於「費爾普斯計畫」的充分討論，見：Philippe Aghion, Roman Frydman, Joseph Stiglitz, and Michael Woodford, "Edmund Phelps and Modern Macroeconomics," in *Knowledge, Information, and Expectations*, 4–11.
3. Edmund Phelps, "A Life in Economics," in *The Makers of Modern Economics*, vol. 2, ed. A. Heertje (Aldershot, UK: Edward Elgar, 1995), 93. 學者羅伯・迪曼（Robert Dimand）的傳記以下論文的內容：Robert Dimand, "Edmund Phelps and Modern Macroeconomics," *Review of Political Economy* 20, no. 1 (January 2008.): 23–29.
4. Thomas Nagel, "Aristotle on Eudaimonia," *Phronesis* 17, no. 3 (1972): 252–259.
5. Edmund Phelps, "Economic Prosperity and the Dynamism of Economic Institutions" (Shaw Foundation Distinguished Lecture, Singapore Management University, Singapore, January 2003; Lecture, Royal Institute of International Affairs, London, March 2003), 1–2. 這演講內容後來收錄自：*The Economic Prospects of Singapore*, eds. W. T. H. Koh and R. Mariano (Singapore: Addison-Wesley, 2005), 299–333.
6. Phelps, "Economic Prosperity and the Dynamism," 10–11.
7. Phelps, "Economic Prosperity and the Dynamism," 10–11.
8. Robert Solow, "A Contribution to the Theory of Economic Growth," *Quarterly Journal of Economics* 70, no. 1 (February 1956): 65–94.
9. Edmund Phelps, "The Economic Performance of Nations" (paper presented at the William Baumol Special Session on Entrepreneurship, Innovation and the Growth Mechanism of the Free-market Economies, 118th Annual Meeting of the American Economic Association, Boston, MA, January 2006), 1–3; later published in *Entrepreneurship, Innovation, and the Growth Mechanism of Free Enterprise Economies*, ed. Eytan Sheshinski, Robert J. Strom, and William J. Baumol (Princeton, NJ: Princeton University Press, 2007): 342–356.（在確認我的這篇

論文和肯尼斯・艾羅、梭羅等人的論文一起被收錄這書後，伊坦・薛辛斯基在電子郵件中評價我的論文：「當然，這是一篇好文。」）

10. Phelps, "The Economic Performance of Nations," 3–4.

11. 這篇論文繼續寫道：

亞里斯多德在《各馬可倫理學》（*Nicomachean Ethics*）中從「所有人渴望知識」這個前提出發，討論工作、學習、發展、樂趣，與幸福之間的關係。文藝復興時代的雕塑家本韋努托・切里尼（Benvenuto Cellini）《自傳》（*Autobiography*）中，切里尼則是解放的個人主義者原型，追求成就與成功。亞當・斯密闡釋自助與競爭的社會價值，並且倡導廣泛參與這種商業生活。賽伊頌揚企業家在追求更高收益的同時，不斷的改造經濟。法國啟蒙運動領袖孔多塞（Marquis de Condorcet）認為，這些經濟企業家的生產力遠高於那些爭求政治利益的政治企業家的生產力。美國價值觀顯然衍生自這種歐洲思想。延續至十八世紀以後，法國哲學家亨利・柏格森視變革的潛力為「生命衝力」（élan vital），認為好生活是一種持續「流變」，而非只是「存在」的狀態。阿佛列德・馬歇爾詳細論述，工作場所是多數人從事心智活動的地方，繆達爾認為工作很快就會超越消費，成為多數人的滿足感的更大源頭。見：Phelps, "The Economic Performance of Nations," 4.

12. Edmund Phelps, "Toward a Model of Innovation and Performance Along the Lines of Knight, Keynes, Hayek and M. Polanyi" (paper presented at the Max Planck Institute's Conference on Entrepreneurship and Economic Growth, Rinbgerg Castle in Tegernsee, Germany, May 8–9, 2006), 1–5; later published in *Entrepreneurship, Growth, and Public Policy*, ed. Zoltan J. Acs, David B. Audretsch, and Robert Strom (Cambridge: Cambridge Press, 2009): 35–70.

13. Phelps, "Toward a Model of Innovation," 5–6.

14. Phelps, "Toward a Model of Innovation," 5–6.

15. Phelps, "Toward a Model of Innovation," 12.

16. Phelps, "Toward a Model of Innovation," 14–15.

17. Phelps, "Toward a Model of Innovation," 14–15.

18. Phelps, "Toward a Model of Innovation," 15–16.

19. Phelps, "Toward a Model of Innovation," 23.

20. Phelps, "Toward a Model of Innovation," 24.

21. Phelps, "Toward a Model of Innovation," 24.

22. 二〇二二年五月四日，我在〈多說一點〉（Say more）的訪談中，這引起《評論彙編》的注意。

第八章

1. Friedrich Hayek, "The Use of Knowledge in Society" *American Economic Review* 35, no. 4 (September 1945): 523–524.
2. Edmund Phelps, *Mass Flourishing: How Grassroots Innovation Created Jobs, Challenge, and Change* (Princeton, NJ: Princeton University Press, 2013), 31–32.
3. Michael Polanyi, *Personal Knowledge: Toward a Post-Critical Philosophy* (London: Routledge and Kegan Paul, 1958, 1962), 5.
4. Edmund Phelps, "Population Increase," *Canadian Journal of Economics* 1, no. 3 (1968): 497–518
5. Phelps, *Mass Flourishing*, 1n1.

6. Phelps, *Mass Flourishing*, ix, 19–20.
7. Phelps, *Mass Flourishing*, 27–28.
8. Abraham Lincoln, "Second Lecture on Discoveries and Inventions," February 11, 1859, Young Men's Association of Bloomington, IL.
9. 見：Frank Taussig, "Some Aspects of the Tariff Question," *Quarterly Journal of Economics* 3, no. 1 (April 1889): 259–292。另亦見他在一九一五發表的相同標題的文獻。
10. 這句話借用的是音樂家李奧納多・伯恩斯坦的一場演講主題。
11. Phelps, *Mass Flourishing*, 97–98.
12. Phelps, *Mass Flourishing*, 29.
13. Phelps, *Mass Flourishing*, 98–99.
14. Phelps, *Mass Flourishing*, 99–100.
15. Phelps, *Mass Flourishing*, 100.
16. Phelps, *Mass Flourishing*, 101.
17. Phelps, *Mass Flourishing*, 101.
18. Phelps, *Mass Flourishing*, 280–282.
19. Phelps, *Mass Flourishing*, 269.
20. Phelps, *Mass Flourishing*, 211–212.
21. Phelps, *Mass Flourishing*, 9n11.
22. 更豐富的闡述，見：Phelps, *Mass Flourishing*, 26–27.
23. 關於史匹道夫—梭羅模型（Spiethoff-Solow model），見：Arthur Spiethoff, "Krisen," in *Handworterbuch der Sozialwissenschaften*, vol. 6, ed. L. Elster, A. Weber, and F. Wieser (Jena: G. Fischer, 1923), 8–91：以及：Robert Solow, "A Contribution to the Theory of Economic Growth," *Quarterly Journal of Economics* 70, no. 1 (February 1956): 65–94。關於阿吉昂—豪伊特模型（Aghion-Howitt model），見：Philippe Aghion and Peter W. Howitt, *Endogenous Growth Theory* (Cambridge, MA: MIT Press 1997)。亦可見：*The Economics of Creative Destruction*, ed. Ufuk Akcigit and John Van Reenen (Cambridge, MA: Harvard University Press, 2022)：以及 Richard R. Nelson and Sidney G. Winter, *An Evolutionary Theory of Economic Change* (Cambridge, MA: Harvard University Press, 1982).
24. Edmund Phelps, "Economic Culture and Economic Performance: What Light Is Shed on the Continent's Problem" (working paper 17, Conference of CESifo and Center on Capitalism and Society, Columbia University, Venice, Italy, July 21–22, 2006), 12.
25. Phelps, "Economic Culture and Economic Performance," 11.
26. 指數的建構，見《大繁榮》一書的說明：Mass Flourishing, 212：該書也有散布圖呈現此關係，見：figure 8.5, Mass Flourishing, 214.
27. 按照章節順序：我撰寫前言，萊喬撰寫第一部（第一至第三章，以及第六章），吉爾維撰寫第二部（第四至第五章，以及第七章），雲天德撰寫第三部（第八至第十章）。
28. Edmund Phelps, Raicho Bojilov, Hian Teck Hoon, and Gylfi Zoega, Dynamism: The Values That Drive Innovation, Job Satisfaction, and Economic Growth (Cambridge, MA: Harvard University Press, 2020), 22.
29. Phelps, Bojilov, Hoon, and Zoega, *Dynamism*, 24.

30. Phelps, Bojilov, Hoon, and Zoega, *Dynamism*, 26.
31. Phelps, Bojilov, Hoon, and Zoega, *Dynamism*, 28.
32. 關於創新與高水準工作滿意度之間的關連性，參見《活力》一書表 7-1；關於創新與幸福之間的關連性，參見《活力》一書圖 7-3。
33. 見《活力》一書表 1-1。
34. Phelps, Mass Flourishing, 324.
35. Robb, *Willful: How We Choose What We Do* (New Haven, CT: Yale University Press, 2019), 191.

結語

1. 這句話取自莫莉．沃森（Molly Worthen）的文章："A Thinker's Life," *Yale Alumni Magazine*, July/August 2021.
2. Richard Robb, *Willful: How We Choose What We Do* (New Haven, CT: Yale University Press, 2019), 17.
3. Amartya Sen, *Home in the World: A Memoir* (London: Allen Lane, 2021).
4. 引述自《結構性衰退》一書前言：*Structural Slumps: The Modern Equilibrium Theory of Unemployment, Interest, and Assets* (Cambridge, MA: Harvard University Press, 1994), xii.

財經企管 BCB845

費爾普斯的經濟探索

實用總體經濟學的開拓者，對失業、通膨與自主創新的思考

My Journeys in Economic Theory

作者 —— 艾德蒙·費爾普斯（Edmund Phelps）
譯者 —— 廖月娟、李芳齡

總編輯 —— 吳佩穎
財經館副總監—— 蘇鵬元
責任編輯 —— 蘇鵬元、楊伊琳
封面設計 —— 張議文

出版者 —— 遠見天下文化出版股份有限公司
創辦人 —— 高希均、王力行
遠見·天下文化 事業群榮譽董事長 —— 高希均
遠見·天下文化 事業群董事長 —— 王力行
天下文化社長 —— 王力行
天下文化總經理 —— 鄧瑋羚
國際事務開發部兼版權中心總監 —— 潘欣
法律顧問 —— 理律法律事務所陳長文律師
著作權顧問 —— 魏啟翔律師
社址 —— 台北市 104 松江路 93 巷 1 號

讀者服務專線 —— 02-2662-0012 ｜ 傳真 —— 02-2662-0007, 02-2662-0009
電子郵件信箱 —— cwpc@cwgv.com.tw
直接郵撥帳號 —— 1326703-6 號遠見天下文化出版股份有限公司

電腦排版 —— 綠貝殼資訊有限公司
製版廠 —— 中原造像股份有限公司
印刷廠 —— 中原造像股份有限公司
裝訂廠 —— 中原造像股份有限公司
登記證 —— 局版台業字第 2517 號
總經銷 —— 大和書報圖書股份有限公司 電話／ (02)8990-2588
出版日期 —— 2024 年 06 月 28 日第一版第一次印行

國家圖書館出版品預行編目（CIP）資料

費爾普斯的經濟探索：實用總體經濟學的開拓者，對失業、通膨與自主創新的思考／艾德蒙．費爾普斯（Edmund Phelps）著；廖月娟、李芳齡譯 . -- 第一版 . -- 臺北市：遠見天下文化出版股份有限公司，2024.06
336 面；14.8×21 公分（財經企管；BCB845）
譯自 : My Journeys in Economic Theory
ISBN 978-626-355-815-1（平裝）
1. CST：費爾普斯（Phelps, Edmund S.）2. CST：經濟學家 3. CST：諾貝爾獎 4. CST：傳記 5. CST：美國
785.28　　113008222

定價 —— NT 500 元

ISBN —— 978-626-355-815-1
EISBN ——978-626-355-8243（EPUB）、978-626-355-8236（PDF）

書號 —— BCB845
天下文化官網 —— bookzone.cwgv.com.tw

天下文化

BELIEVE IN READING